IN

Abkürzungen:

EL = Eßlöffel
TL = Teelöffel
Msp = Messerspitze

Mit Tempo kochen – in Ruhe genießen

Auf dem deutschen Büchermarkt erscheinen jede Woche ein paar neue Kochbücher. Fast alle schlagen Rezepte für den »Normalhaushalt« vor, der nach Überzeugung der Kochbuchautoren aus vier Personen besteht.
Stimmt das eigentlich? Die Statistiker sind anderer Ansicht. Von den 24 Millionen bundesdeutschen Haushaltungen sind 58%, also weit mehr als die Hälfte, Ein- und Zweipersonen-Haushalte. Fast jeder dritte Haushalt besteht aus nur einer Person.
Die Zahl der Kleinhaushalte hat in den letzten Jahren erheblich zugenommen. Singles aller Altersklassen halten es für klüger und besser, selbständig zu leben und zu wirtschaften, selbst zu entscheiden, wann Zweisamkeit am Platze ist – und wann nicht.
Für Single-Haushalte ist dieses Buch bestimmt. Es hat keineswegs das Ziel, zu kulinarischer Bescheidenheit aufzurufen unter dem Motto: »In kurzer Zeit kann man nichts Vernünftiges auf den Tisch bringen.« Denn bei näherer Betrachtung erweist sich diese Behauptung als falsch. Es ist sehr wohl möglich, zeitsparend zu kochen und doch etwas Anspruchsvolles auf den Tisch zu bringen.
Von den traditionellen Regeln des konventionellen Haushalts muß man dabei allerdings abweichen. Aber die Entwicklung kommt den Single-Haushalten in mancher Beziehung entge-

gen. Die Küchentechnik von heute nimmt auf Zeit- und Arbeitsersparnis Rücksicht. Die Lebensmittelindustrie hat zahllose Fertig- und Halbfertigprodukte entwickelt, die zeitraubende Vor- und Zubereitungsarbeiten von den Haushalten in die Produktionshallen verlagert haben. Urlaubsreisen in aller Herren Länder haben den Blick geweitet für neue Zutaten und Gewürze. Dazu kommt der Trend zur leichten, kalorien- oder joulearmen Küche, ausgehend von dem Bemühen um Fitneß und Schlankheit, gefördert durch die Lehren der Neuen Küche, der »Nouvelle Cuisine« europäischer Küchenchefs.

350 schnelle, für den kleinen Haushalt berechnete Rezepte bringt dieses Buch. Sie allein tun es allerdings nicht, wenn es an den geeigneten Geräten, der richtigen Vorratswirtschaft und Planung fehlt. Deshalb sollten Sie die folgenden Seiten mit ihren vielen Tips nicht überschlagen, wenn Sie mit möglichst wenig Zeitaufwand die nötige Ruhe für genießerische Tafelfreuden gewinnen wollen.

Schnelle Arbeit mit den richtigen Geräten

Eine vernünftige Geräteauswahl kann die Arbeit auch im kleinen oder Kleinsthaushalt bedeutend erleichtern. Aber was ist vernünftig? Sie müssen selbst entscheiden, was unbedingt gebraucht wird – und was für eine spätere Anschaffung vorzumerken wäre. An Möglichkeiten, sich komfortabel und damit zeitsparend auszurüsten, fehlt es nicht. Die einschlägige Industrie hat sich in den letzten Jahren allerhand einfallen lassen. Allerdings ist die perfekt eingerichtete Küche nicht gerade billig. Prüfen Sie Ihren Bedarf genau!

Die unentbehrlichen Kleingeräte

Gehen wir davon aus, daß Sie schon hinreichend mit Schüsseln und Sieben, Rührlöffeln und Quirlen, Schneebesen und Schöpfkellen ausgerüstet sind. Worauf kommt es darüber hinaus in erster Linie an?

Messer: Sie brauchen je ein Fleischmesser, großes und kleines Gemüsemesser, Tomatenmesser, Brotmesser und Kartoffelschälmesser. Halten Sie sich an die beste Qualität – Sonderangebote taugen meist nicht viel. Für das Scharfhalten ist ein Wetzstahl besser als ein Abziehgerät mit Stahlscheiben.

Küchenschere: Vielseitig verwendbar zum Ab- und Aufschneiden von Packungen, beim Gemüse- und Fischputzen, Vorbereiten von Fleisch und Geflügel.

Kurzzeitmesser: Auf Garzeit einstellen – nach Ablauf ertönt ein Klingelzeichen. Unentbehrlich bei der Arbeit mit dem Schnellkochtopf, beim Grillen oder Backen.

Schüttelbecher: Aus Plastik mit gut schließendem Deckel. Praktisch, wenn es darum geht, Mehl oder Speisestärke mit Wasser oder Milch zu mischen – kräftiges Schütteln genügt.

Gurkenhobel: Gibt es mit einfacher Klinge und mit Doppelklinge. Nicht nur für Gurken, sondern auch für andere zu hobelnde Gemüse- und Obstarten. Das Gerät sollte aus Plastik und leicht zu reinigen sein.

Rohkostreibe: Zum Reiben und Raffeln von rohem Gemüse und Obst, mit mehreren Einsätzen ausgerüstet. Zum Anschrauben oder zum Auf-den-Tisch-Stellen (mit Saugnäpfen).

Eierschneider: Stahlsaiten zerteilen beim Zuklappen das gekochte Ei in Längs- oder Querrichtung. Schneller und einfacher kann man Eierscheiben (Brotbelag, Garnitur, Salatzutat) nicht herstellen.

Zitruspresse: Ein einfaches Plastikmodell genügt für das Entsaften (Ausdrücken) von Zitronen und Orangen. Die Bereitung größerer Saftmengen erleichtert eine *elektrische Saftzentrifuge*. Lohnt sich nur bei ständigem Gebrauch.

Dosenöffner: Suchen Sie nach einem Modell, das alle Arten von Dosen verkraftet, nicht nur die runden. Der Drehgriff soll gut in der Hand liegen. Außerdem brauchen Sie einen *Korkenzieher* und einen *Flaschenöffner*.

Zwiebelschneider: Am besten sind voll gekapselte Geräte, weil Sie dann beim Zwiebelschneiden nicht weinen müssen. Betätigung durch gefederten Schlagknopf. Es gibt aber auch Zwiebelschneider für »rollenden« Einsatz.

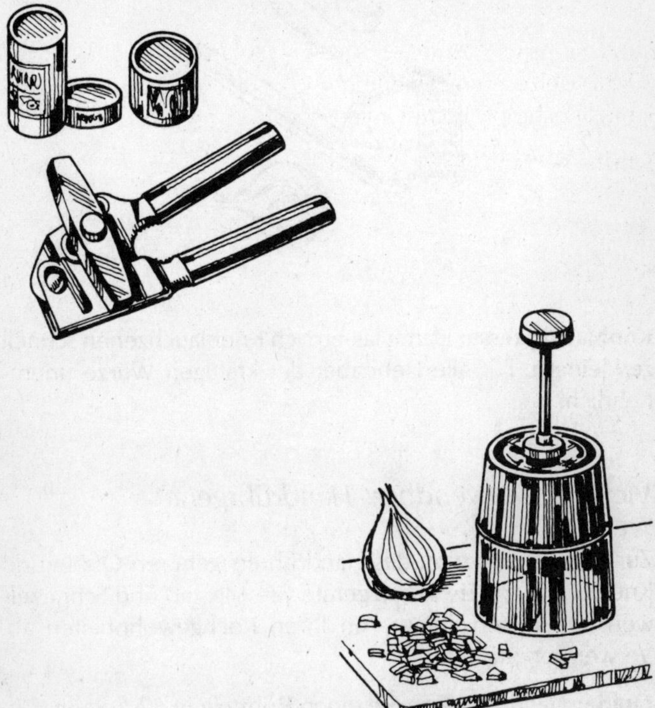

Salatschleuder: Nasser Salat verwässert die Salatsoße. Es gibt einfache Drahtkörbe zum Ausschleudern der Flüssigkeit (Nachteil: Wasserspritzer ringsumher) und gekapselte Modelle aus Plastik, die mit einer Handkurbel betätigt werden.

Mörser: Getrocknete Gewürze und Kräuter entwickeln mehr Aroma, wenn sie im Mörser zerstoßen werden.

Knoblauchpresse: Damit lassen sich Knoblauchzehen schnell zerkleinern. Für alle Liebhaber der kräftigen Würze unentbehrlich.

Vielseitig verwendbar: Handrührgerät

Zur Grundausrüstung des Handrührers gehören Quirle und Knethaken. Ob Sie Zusatzgeräte wie Mixstab und Schnitzelwerk anschaffen, hängt von Ihren Kochgewohnheiten ab. Verwendungstips:

Quirle: Damit schaffen Sie einen Rührteig in 3 Minuten. Die Doppelquirle sind für alle leichteren Zutaten geeignet, also etwa für Eischnee und Schlagsahne, Eierkuchenteig und Quarkspeisen, Puddinge und leichte Kuchenteige.

Knethaken: Für die Verarbeitung festerer Zutaten, etwa bei Knet- und Hefeteig, Fleisch- und Fischteig. Im allgemeinen beginnt man mit niedriger Geschwindigkeit und schaltet dann auf höchste Stufe um.

Mixstab: Damit zerkleinern, pürieren und mixen Sie gekochtes oder auch rohes Obst und Gemüse, und zwar stets auf höchster Schaltstufe.

Schnitzelwerk: Praktisch, wenn Sie oft rohes Obst und Gemüse hobeln, raffeln oder schnitzeln wollen, etwa für Obstkuchen, Rohkost oder Gemüsegerichte (z. B. Karotten, Weißkohl usw.).

Andere elektrische Küchenhelfer

Sie bieten wesentliche Arbeitserleichterungen – vorausgesetzt, man verwendet sie auch wirklich regelmäßig. Die Anschaffung sollte deshalb sorgfältig überlegt werden.

Kaffeemaschine: Gibt es in Größenordnungen zwischen 2 und 12 Tassen, auch mit Zusatzeinrichtung für das Teekochen. Für den regelmäßigen Kaffeetrinker beinahe unentbehrlich.

Eierkocher: Erspart die lästige Zeitkontrolle beim Kochen des Frühstückseis. Den Weichheitsgrad reguliert die Wasserzugabe (Meßbecher). Wenn das Ei fertig ist, ertönt ein Summersignal. Für 4, 5 oder 6 Eier auf dem Markt.

Fonduetopf: Für Käse-, Fleisch- und Fischfondue, ebenfalls mit Elektroheizung und Temperaturregelung. Problem- und gefahrloser als ein spiritusgeheizter Fonduetopf, aber dafür teurer und längst nicht so romantisch.

Waffeleisen: Für schnelle Waffelbäckerei, auch am Kaffeetisch. Elektrisch beheizt und mit Thermostatsteuerung. Bei Teflonbeschichtung sorgt es für fettloses oder fettarmes Backen.

Fritiertopf: Interessant, wenn Sie häufig Teige, Fisch, Fleisch, Gemüse usw. in heißem Fett schwimmend garen wollen. Mit Elektroheizung und Thermostatsteuerung für problemloses Temperatureinhalten.

Schnellschneider: Erlaubt blitzartiges Zerkleinern von Zwiebeln, Gemüse, Obst in kleineren Mengen. Zerkleinerungsgrad wird durch Einschaltdauer geregelt. Macht Zwiebelschneider und Mixstab überflüssig.

Kringelbäcker: Mit dem Waffeleisen verwandtes Backgerät für jeweils zwei Kringel (Doughnuts). Elektrobeheizt und mit

Temperatursteuerung. Ideal für schnelles, dank Teflonbeschichtung fettarmes Backen.

Toast- und Grillgeräte

Außer dem ausgewachsenen Grillgerät gibt es verschiedene, besonders für den Kleinhaushalt geeignete Spezialvorrichtungen.

Toaster: Zum Rösten von Brotscheiben und zwar im allgemeinen von beiden Seiten zugleich. Bei Automatikgeräten springen die Brotscheiben heraus, wenn die eingestellte Bräunungsstufe erreicht ist. Es gibt auch Geräte mit Zusatzeinrichtung für das Brötchenaufbacken.

Toastgrill: Damit kann man nicht nur Brotscheiben toasten, sondern auch Toast- und andere flache Gerichte überbacken. Für das Grillen von Fleisch reicht die Hitze nicht aus.

Kontaktgrill: Ähnlich wie ein Waffeleisen mit Ober- und Unterhitze. Steaks und andere kleinere Fleischstücke werden zwischen die beiden »Backen« des Geräts geklemmt und beiderseits gegrillt. Auch für Quicktoasts (zwei Brotscheiben mit Belag dazwischen) geeignet.

Backofengrill: Viele Backöfen sind damit ausgerüstet bzw. so eingerichtet, daß man die Grillschlangen nachträglich einstecken kann. Für Grillgerichte und Überbackenes aller Art.

Elektrogrill: Das »große« Tischgerät für alle Grillgerichte. Kaufen Sie sich ein Gerät mit selbstreinigendem Innenraum oder einen *Foliengrill*, bei dem der Grillraum durch Alufolie geschützt wird. Nach der Arbeit ziehen Sie die schmutzige Folie heraus und werfen sie weg.

Schnelle Töpfe und Pfannen

Einen Vierlitertopf, einen Zweilitertopf und eine Pfanne sollten Sie als Mindestausstattung haben. Dazu kommt ein Wasserkessel, wenn Sie nicht über ein elektrisches Kochendwassergerät verfügen. Für elektrische Kochplatten brauchen Sie Kochgeschirr mit plangeschliffenem Boden. Weite und niedrige Töpfe erhitzen den Inhalt schneller als schmale und hohe.

Beschichtete Pfannen: Sie sind mit Teflon oberflächenbeschichtet – es kann nichts anbrennen, Sie können fettarm garen und die Reinigung ist problemlos. Bewährt haben sich auch Pfannen mit waben- oder noppenartig ausgebildetem Boden. Pfannen sollten grundsätzlich mit passendem Deckel ausgerüstet sein – so sind sie vielseitiger verwendbar.

Schnellkochtopf: Unentbehrlich, weil besonders zeitsparend: Sie kommen im allgemeinen mit einem Drittel der normalen Garzeit aus. Gegart wird im geschlossenen, mit einem Ventil ausgerüsteten Topf unter leichtem Dampfdruck (0,5 bis 1 bar). Der Umgang mit dem Schnellkochtopf ist problemlos und ungefährlich. Richten Sie sich nach der jedem Gerät beiliegenden ausführlichen Gebrauchsanweisung. Für den kleinen und Kleinsthaushalt kommen Töpfe mit 2,5 bis 3 l Fassungsvermögen in Frage, außerdem wäre eine *Schnellbratpfanne* interessant.

Auflaufformen: Für Aufläufe und Überbackenes. Sie haben die Wahl zwischen Portionsförmchen und größeren Formen für 4 bis 6 Portionen, zwischen feuerfestem Keramik- oder Glasmaterial.

Herde für die schnelle Küche

Sie sollten sich für einen Automatikherd entscheiden, falls die Anschaffung eines neuen Herdes zur Debatte steht.

Automatikherd: Er hat Kochplatten, die nach der Ankochzeit (starke Hitze) automatisch auf Fortkochtemperatur umschalten. Auch Beginn und Ende der Kochzeit sind einstellbar. Sie können also morgens Ihren Topf aufsetzen, den Herd einstellen und weggehen. Er ist bis zu 11 Stunden im voraus »programmierbar«. Automatikvorrichtungen gibt es auch für den Back- und Bratofen. Sie erlauben das Garen eines ganzen Menüs in einem Arbeitsgang.

Mikrowellenherd: Gart nicht »von außen her«, sondern erzeugt Koch- und Brathitze mit Hilfe von Mikrowellen im Inneren des Kochgutes. Bedeutend niedrigere Garzeiten als

beim konventionellen Herd. Vor allem für das schnelle Erhitzen oder Garen kleiner Portionen ideal. Der Mikrowellenherd ist nur ein Zusatzgerät zum normalen Küchenherd – und nicht billig.

Heißluftherd: Er arbeitet nicht mit »stehender« Hitze, sondern wälzt die Heißluft mit Hilfe eines Gebläses ständig um. Deshalb kommt er mit etwas niedrigeren Temperaturen (Energieeinsparung!) aus. Die Garzeiten sind manchmal etwas länger als beim konventionellen Herd. Sie können in mehreren Etagen gleichzeitig garen, also z. B. ein ganzes Menü auf einmal fertigstellen. Für die schnelle Küche sehr praktisch. Der Herd ist stets mit Automatik ausgerüstet.

Unentbehrlich: Das Gefriergerät

Ein Gefriergerät lohnt sich im Kleinhaushalt auch dann, wenn Sie selbst nur selten etwas einfrieren wollen, sondern vor allem auf ausreichende Vorräte aus dem Angebot an Tiefkühlkost erpicht sind.
Das Selbsteinfrieren erlaubt Ihnen, saisonale Sonderangebote auszunutzen. Darüber hinaus brauchen Sie seltener einzukaufen, wenn Sie frische Vorräte wie Brötchen, Kuchen, Sahne usw. tiefgefroren lagern. Und schließlich gibt es noch die Möglichkeit – und dies macht das Gefriergerät gerade im Kleinhaushalt unentbehrlich – gleich mehrere Portionen zu kochen oder zu braten (der Arbeitsaufwand ist nicht oder nicht wesentlich größer) und einen Teil davon portionsweise einzufrieren. Das »Kochen auf Vorrat« ist vor allem in Verbindung mit dem Schnellkochtopf interessant.

Gut geplant und schnell gekocht

Es ist nicht damit getan, die Kochplatte auf höchste Hitzestufe zu stellen und den Handrührer zu Höchstleistungen anzuspornen. Mindestens genauso wichtig sind kluger Einkauf und vernünftige Vorratshaltung, glatt ablaufende Vor- und Zubereitungstechnik und die Beachtung aller zeitsparenden Tricks. Eine Minute rechtzeitiges Nachdenken kann vier Minuten Zubereitungszeit ersetzen.

Beim Einkauf Zeit sparen

Der wichtigste zeit- und geldsparende Einkaufstip: Betreten Sie den Supermarkt erst dann, wenn Sie genau wissen, was Sie einkaufen wollen und welche Mengen Sie brauchen. Dann werden Sie erstens nichts Wichtiges vergessen und zweitens nicht so leicht in Gefahr geraten, Überflüssiges in den Einkaufswagen zu legen, nur weil es sich Ihnen attraktiv und preisgünstig präsentiert.
Voraussetzung für den »richtigen« Einkauf ist eine Küchenplanung für die nächsten paar Tage. Steht sie fest, können Sie differenzieren: Was kann ich langfristig und in größeren Mengen kaufen? Was muß kurzfristig frisch besorgt werden? Daraus ergeben sich ein Großeinkauf alle zwei bis vier Wochen, ein Frischwareneinkauf etwa zweimal wöchentlich.

Zur Küchenplanung gehört, daß alle im Haushalt zu Ende gehenden Zutaten rechtzeitig und regelmäßig notiert werden (Block oder Schreibrolle neben dem Kühlschrank). Aus diesen Notizen und dem Wochenspeisezettel leiten Sie den Einkaufszettel ab, den Sie sich zur Gewohnheit machen sollten.

Ohne Vorräte geht es nicht

Welche Mengen an Vorräten Sie im Kühlschrank, Gefriergerät oder Vorratsschrank lagern können, hängt nicht nur vom Fassungsvermögen der »Vorratsmöbel« ab, sondern zunächst einmal von der zulässigen Lagerdauer der Lebensmittel. Hier ein paar Faustzahlen:

Kühlschrank: Bei frisch eingelagerten Lebensmitteln und einem gut funktionierenden Kühlschrank können Sie lagern:
bis zu 28 Tage: Eier, Wurzelgemüse, Kohl
bis zu 21 Tage: Butter, Käse
bis zu 10 Tage: Geräuchertes, Geselchtes
bis zu 6 Tage: gekochtes und gebratenes Fleisch, geöffnete und umgefüllte Fischmarinaden, gekochtes und gebratenes Geflügel, grüne Bohnen
bis zu 5 Tage: rohes Fleisch, gebratener Fisch, Räucherfisch, frisches Geflügel, frische Milch und Sahne, umgefüllte Dosenmilch
bis zu 4 Tage: gebratenes Hackfleisch, angeräucherte Wurst, gekochter Fisch
bis zu 3 Tage: frischer Fisch
bis zu 1 Tag: rohes Hackfleisch.

Gefriergerät: Die Lagerzeiten gelten für ordnungsgemäß eingefrorene, danach nicht noch einmal an- oder aufgetaute Lebensmittel und ein nach der Gebrauchsanleitung betreutes Gefriergerät. Sie können lagern:

bis zu 12 Monate: Äpfel, Apfelmus, Aprikosen, Birnen, Erdbeeren, Johannisbeeren, Kirschen, Brombeeren, Heidelbeeren, Himbeeren, Sauerkirschen, Pfirsiche, Stachelbeeren, Zwetschgen, alle Fruchtsäfte, grüne Bohnen, grüne Erbsen, Rosenkohl, Rote Bete, Spinat, Zuckermais, Rindfleisch aller Art, mageres ungespicktes Wildfleisch, Küchenkräuter
bis zu 10 Monate: Mirabellen, Rhabarber, Blumenkohl, Pilze, Mohrrüben, Hammelfleisch, Wildgeflügel, Hähnchen, Hühner
bis zu 8 Monate: Kohlrabi, Paprika, Spargel, Kalbfleisch, mageres Schweinefleisch, Knochen, Gans, Pute, fettes Wildfleisch
bis zu 6 Monate: Innereien, fettes Schweinefleisch, Hackfleisch, Würste, Aufschnitt, geräucherter Speck, Ente, Brötchen, Brot, Mürbteig- und Biskuitböden, Obstkuchen, Rührteig, Stollen
bis zu 4 Monate: Frischer Speck, gespicktes Wildfleisch, Hefekleingebäck, Pasteten, Käsekuchen
bis zu 3 Monate: Forelle, Schleie, Fischfilet, Fertiggerichte, Mürb-, Hefe-, Rühr- und Blätterteig
bis zu 2 Monate: Karpfen, Hecht, gefüllte Biskuittorte.

Vorratsschrank: Haltbarkeit von ungeöffneten Packungen bei trockener Lagerung und Temperaturen zwischen +15 und +20 Grad Celsius. Dabei etwaige abweichende aufgedruckte Haltbarkeitsdaten beachten! Sie können lagern:
bis zu 3 Jahre: Zucker, Salz
bis zu 2 Jahre: Reis, Dosensuppen, Fleischbrühwürfel, Gemüse-, Obst- und Sauerkonserven, Rind- und Schweinefleisch in Dosen, Würstchen in Dosen, Kondensmilch, Marmelade
bis zu 1 Jahr: Nudeln, Hülsenfrüchte, Speisestärke, Semmelmehl, Kartoffeltrockenprodukte, Corned beef, Knäckebrot, Brot in Dosen, Speiseöl in Flaschen oder Dosen, Essig
bis zu 6 Monate: Suppen in Tüten oder Päckchen, Kekse, Kaltrührpuddinge, Schlagcreme, Rosinen, Mandeln, Schokolade, Tomatenketchup, Salatsauce in der Flasche, Mayonnai-

se, Senf, Tomatenmark und Meerrettich in der Tube oder im Glas, Kaffee (vakuumverpackt), Instantkaffee.

Checkliste für den Gästevorrat

Für unvermutet auftauchende Gäste genügen manchmal ein paar Eier und eine Dose Würstchen. Aber es schadet nichts, wenn darüber hinaus ein paar Leckerbissen in Dosen oder Gläsern auf Lager sind. Vorschläge zur Auswahl:
Suppen: Spargelcremesuppe, Selleriecremesuppe, Ochsenschwanzsuppe, Fleischbouillon oder gekörnte Brühe, echte Schildkrötensuppe, Hühnercremesuppe.
Vorspeisen: Geflügelleberpastete, Ragoût fin, Huhn in Aspik, Weinbergschnecken.
Fleischgerichte: Rindsgulasch, Königsberger Klopse, Wiener Hackbraten, Pfefferpotthast.
Fertiggerichte: Pichelsteiner, Spaghetti mit Fleischklößen, Ravioli, Linsen mit Rindfleisch, Erbsen mit Schweinefleisch.
Geflügel und Wild: Hühnerfleisch, Gans in Sauer, Rehgulasch, Hasenrücken.
Wurst und Aufschnitt: Landleberwurst, Schmalzfleisch, Blutwurst, Wiener Würstchen, Bockwurst.
Fisch: Hummerfleisch, Regenbogenforelle, Bismarckheringe, Heringsfilet in Tomatensauce, Räucherfilet in Öl, Thunfisch, Ölsardinen.
Obst und Gemüse: Erdbeeren, Heidelbeeren, Sauerkirschen, Apfelmus, grüne Bohnen, junge Erbsen, Pfifferlinge, Champignons, Mischgemüse, Leipziger Allerlei.
Verschiedenes: Dosenmilch, Dosensahne, Sonnenblumenöl, Olivenöl, Pulverkaffee, Orangensaft, Tomatensaft, Grapefruitsaft.

Aus Kühltruhen, Tüten und Dosen

Alle Arten von konservierten und »vorbereiteten« Nahrungsmitteln sind für kürzere (Halbkonserven, Trockensuppen und dergleichen) oder längere (Vollkonserven, Tiefkühlkost) Lagerzeit haltbar gemacht. Man bezahlt hier neben dem eigentlichen Produkt nicht nur das Konservieren, Verpacken und Transportieren, sondern auch das portionsfertige Herrichten. Waren dieser Art sind dank dieser Dienstleistung zwangsläufig etwas teurer als frische Nahrungsmittel. Dafür spart man aber Zeit, Arbeit, Strom und Abfall. Wenn Sie den Wert Ihrer Arbeitsstunde kennen, können Sie leicht ausrechnen, ob es sich lohnt, mit vorgefertigten Lebensmitteln zu kochen. Es lohnt sich fast immer.
Was aus Würfeln und Tüten, Dosen und Flaschen, Gläsern und Tuben und aus der Tiefkühltruhe in Ihre Küche kommt, ist in der Regel so abgeschmeckt, daß es möglichst vielen Käufern behagt. Ihre Aufgabe ist es nun, durch ergänzende Zutaten und Gewürze etwas aus diesem Grundgericht zu machen, das Ihnen und Ihren Gästen schmeckt. Beispielsweise kann man Suppen mit Sahne, Eiern oder Käse verfeinern oder Einlagen hineingeben, Saucen durch würzende Beigaben, Butter oder Sahne verwandeln. Viele Rezepte dieses Buches bringen Beispiele für mögliche Abwandlungen – andere können Sie sich selbst einfallen lassen.

Nach Zeitplan kochen – und auf Vorrat

Schnelle Küche hat nur einen Sinn, wenn Sie sich vor Arbeitsbeginn genau überlegen, in welcher Reihenfolge welche Arbeiten auszuführen sind. Das Gericht mit der längsten Zubereitungs- und Garzeit kommt zuerst an die Reihe. Während es auf dem Herd steht, erledigen Sie andere Arbeiten – vom Salatbereiten bis zum Tischdecken.

In vielen Fällen werden Sie darauf angewiesen sein, bestimmte Bestandteile vorzukochen. Verlegen Sie diese Arbeit auf arbeitsschwache Zeiten oder erledigen Sie sie nebenbei, wenn Sie ohnedies in der Küche zu tun haben.
Vorgekocht werden beispielsweise Pellkartoffeln (für Kartoffel- oder gemischten Salat, Saucenkartoffeln, Aufläufe usw.), Geflügel (für Geflügelsalat, Nudel- oder Reissuppe mit Huhn, Aufläufe), Reis (für Mischgerichte mit Reis, Suppen usw.) oder alle Süßspeisen, die längere Zeit zum Abkühlen brauchen. Zur Vorratsküche gehören auch alle »Doppelverwendungen« einzelner Zutaten oder Beigaben. Man kann beispielsweise Reis ohne Salz und Zucker kochen und an einem Tag die Hälfte zu Milchreis verarbeiten, am nächsten Tag die andere Hälfte für Reissuppe, -salat oder -auflauf nehmen. Ein anderer Vorschlag: Hähnchen braten oder grillen, die Hälfte sofort und frisch verzehren, die andere Hälfte am nächsten Tag zu Geflügelsülzchen, -salat, -suppe oder -auflauf verwenden. Diese »geplante Resteverwertung« hat auch dann ihre Vorteile, wenn man zwangsläufig größere Portionen als die sofort benötigten zubereiten muß, weil sich kleinere Kochmengen nicht lohnen.
Kochen auf Vorrat lohnt sich außerdem immer dann, wenn – wie erwähnt – gleich mehrere Portionen zubereitet und ein Teil davon eingefroren werden soll.

Tips für die Menüplanung

Ein ausgewachsenes Menü mit mehreren Gängen in höchstens einer Stunde? Doch, das ist möglich. Hier ein paar Vorschläge für erprobte Kombinationen mit arbeitstechnischen Hinweisen und Zeiteinteilungs-Tips:

Menü 1

Kerbelsuppe mit Sahne (S. 41)
Schimmelreiter-Toast (S. 134)
Weintrauben

Fleischbrühe für die Suppe aufsetzen. Weintrauben waschen und zum Abtropfen wegstellen. Zutaten für Toast herrichten. Kerbel für die Suppe wiegen. Belagmischung für den Toast bereiten, auf die getoasteten Brotscheiben verteilen. Backofen für den Toast vorheizen. Weintrauben auf Glasteller verteilen, kühlen. Suppe fertigstellen und servieren, zugleich Toasts zum Überbacken in den Ofen geben – sie sind fertig, wenn die Suppe gegessen ist. Zuletzt Weintrauben aus dem Kühlschrank holen.

Menü 2

Krabbensalat in der Grapefruit (S. 209)
Bœuf Stroganoff (S. 84) mit Bratkartoffeln
Käse-Auswahl

Am Vorabend gekochte Pellkartoffeln abpellen, in Scheiben schneiden, mit Fett in die Pfanne geben. Stroganoff-Sauce bereiten, Fleisch herrichten. Bratkartoffeln aufsetzen. Krabbensalat bereiten, Käse-Auswahl (mit Brot, Butter, Salzbrezeln) auf Käsebrett arrangieren. Stroganoff-Fleisch braten und zur Sauce geben. Bratkartoffeln abschmecken. Krabbensalat als Vorspeise servieren, unterdessen Kartoffeln und Stroganoff warm halten.

Menü 3

Urner Käsesuppe (S. 44)
Sizilianischer Auberginentopf (S. 154) mit Bandnudeln
Frische Feigen mit Ingwersahne (S. 174)

Feigen herrichten, kühlen. Wasser für Nudeln aufsetzen. Auberginentopf-Zutaten vorbereiten, nach Rezept anbraten, zum Schmoren aufsetzen. Nudeln ins Wasser geben. Käsesuppe bereiten. Nudeln abgießen, abschrecken und warm stellen. Schlagsahne für Feigen schlagen, Nachspeise fertigstellen und kühlen. Suppe servieren, dann das Hauptgericht.

Menü 4

Bulgarischer Chopska-Salat (S. 68)
Pfeffersteaks Bombay (S. 83) mit Weißbrot
Schokoladenschaum (S. 179)

Steaks mit Öl einreiben. Schokoladenschaum bereiten, zum Kühlen wegstellen. Chopska-Salat bereiten, als Vorspeise servieren. Nun erst Steaks braten und heiß auf den Tisch bringen, dazu Weiß- oder Meterbrot.

Menü 5

Brathähnchen Edinburgh (S. 112)
Folienkartoffeln (S. 145), grüner Salat
Vanilleeis mit heißen Aprikosen (S. 184)

Backofen vorheizen. Folienkartoffeln herrichten und in den Ofen geben. Hähnchen vorbereiten und anbraten. Die Kartoffeln in den Ofen geben, Salat putzen, waschen, schleudern, Salatsauce bereiten. Aprikosen vorbereiten, warm stellen. Hähnchensauce abschmecken und verfeinern. Salat mit Sauce mischen, auftragen. Brathähnchen und Folienkartoffeln anrichten und servieren. Eisspeise kurz vor dem Auftragen fertigstellen.

Zeitspartricks für die Schnellküche

Anrühren von Mehl oder Speisestärke mit Sahne, Wasser oder dergleichen: kleinen Plastik-Schüttelbecher verwenden, zuerst die Flüssigkeit und dann das Mehl hineingeben.

Äpfel für Schnellkompott, Apfelstrudel, als Kuchenbelag: Kerngehäuse mit Ausstecher herausstechen, Äpfel schälen und mit dem Gurkenhobel fein hobeln.
Braten brauchen mehr Zeit, als die Schnellküche zuläßt: Fleisch 30 Minuten wie gewohnt braten, dann in Scheiben schneiden und fertigbraten oder in der Sauce zu Ende garen.
Fett zum Backen ist zu kalt und verlangt zeitraubendes Anwärmen: über Nacht in warmem Zimmer temperieren oder Backschüssel mit heißem Wasser ausspülen und austrocknen.
Fertiggaren von Milchreis oder Brühreis: morgens Reis ankochen, Topf gut zudecken und mit Decken, Kissen usw. einpacken, dann kann der Reis bis mittags gar quellen.
Fleisch zum baldigen Verbrauch möglichst weitgehend vorbereitet einkaufen: enthäutet, in Scheiben geschnitten, zu Gulaschstücken zerteilt. Das elektrische Messer (s. Zeichnung) erleichtert die Arbeit.

Gemüse zu schnellen Suppen, Saucen, Fischgerichten usw. (z. B. Mohrrüben, rote Rüben, Sellerie) in feine Scheiben hobeln oder fein raffeln, um die Garzeit abzukürzen.
Mohrrüben kann man schrappen oder schälen; am schnellsten geht es mit einem neuen Topfreiniger aus Metall oder Kunststoff, mit dem man die Mohrrüben einfach abschrappt.

Pellkartoffeln setzt man normalerweise mit kaltem Wasser auf. Steht heißes (nicht kochendes) sauberes Wasser zur Verfügung, wäscht man die Kartoffeln damit und setzt sie auch mit heißem Wasser auf.
Semmeln für das Sonntagsfrühstück gibt es nicht, weil die Bäcker in der Nacht vorher nicht arbeiten. Nehmen Sie Semmeln vom Sonnabend und backen Sie sie im Backofen (vorheizen, höchste Temperaturstufe) in etwa 5 Minuten knusprig-frisch auf.
Vorheizen des Backofens erspart Zeit. Steht ein Backofengericht auf dem Programm, dessen Vorbereitung nicht länger als 10 Minuten erfordert, schaltet man schon zu Beginn der Arbeit ein. Der Ofen hat die richtige Temperatur, wenn das Gericht eingeschoben werden kann.
Zerkleinern ist das A und O der Schnellküche – je besser zerkleinert die Zutaten, desto kürzer die Garzeit. Hobeln, raffeln und reiben geht schneller als schneiden, hacken oder wiegen.

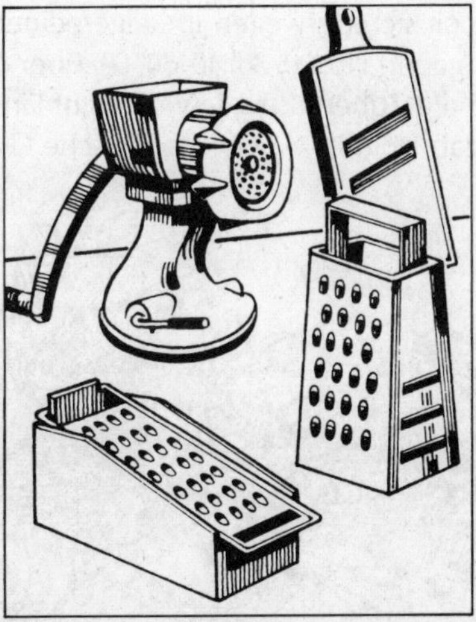

Rezepte – rund um die Uhr

Gerichte, die sich in nicht mehr als 60 Minuten zubereiten lassen, also »einmal rund um die Uhr«, wurden für dieses Buch zusammengestellt. Das gilt auch für Menüs aus mehreren Gängen: Suppe, Hauptgericht, Nachspeise etwa. Der Schwerpunkt liegt bei Zehn- und Zwanzig-Minuten-Speisen.
Die Rezepte sind, wenn nichts anderes angegeben ist, für zwei Personen berechnet. Die Mengen können halbiert oder verdoppelt werden, wenn nur eine Portion gekocht werden soll oder Gäste erwartet werden. Der Zeitaufwand halbiert oder verdoppelt sich deswegen im allgemeinen nicht.
Die Zahlenangaben (10, 20, 30, 40, 50, 60) über den Rezepten besagen, daß die Zubereitung jeweils nicht länger dauert als die Minutenzahl angibt – küchentechnische Grundkenntnis-

se vorausgesetzt. Je nach Erfahrung, Geräteausrüstung, Zartheit oder Zähigkeit der Zutaten können sich Abweichungen ergeben.

Frühstückstips

Wer für die tägliche Arbeit im Beruf oder im Haushalt fit sein will, sollte sich an ein ernährungsbewußtes, in Ruhe eingenommenes Frühstück gewöhnen, das die Körperfunktion »anheizt«. Ein gutes Frühstück ist abwechslungsreich und solide, es enthält nicht nur nahrhafte Dinge wie Brot, Butter, Ei und Marmelade, sondern grundsätzlich auch frisches Obst (oder Obstsaft) und Gemüse (Radieschen, Tomaten, Karotten oder dergleichen), Milch in irgendeiner Form (Müsli, Trinkmilch, Quark, Käse) und nach Möglichkeit auch eine Scheibe Wurst oder Schinken.

Ein Viertel bis ein Drittel der täglichen Nahrungsmenge sollte nach Auffassung der Ernährungswissenschaft allein auf das Frühstück entfallen. Nichts spricht dagegen, schon zum Frühstück außer dem heißen Getränk auch ein warmes Gericht auf den Tisch zu bringen – nicht einmal der Zeitmangel, denn es gibt genug Möglichkeiten, innerhalb ganz kurzer Zeit etwas Warmes auf den Tisch zu zaubern. Aber auch wer am konventionellen Frühstück hängt, hat viele Möglichkeiten, für Abwechslung zu sorgen. Verschiedene Brotsorten (Vollkorn- oder Knäckebrot), Honig statt Marmelade, Tee statt Kaffee, Kakao statt Milch, Quark statt Ei sind nur ein paar Vorschläge.

Honigflocken

½ l Milch
2 EL Honig
Saft einer Zitrone
100 g Haferflocken
1–2 EL geriebene Nüsse

Milch, Honig und Zitronensaft mit dem Schneebesen zu einer cremig-glatten Flüssigkeit schlagen und über die Haferflocken gießen. Mit Nüssen bestreut anrichten.

Abwandlung: Beliebigen anderen Fruchtsaft verwenden.

Joghurt mit Cornflakes

2 Becher Joghurt
1–2 EL Zucker
40 g Cornflakes
Zitronensaft

Joghurt mit Zucker verschlagen, Cornflakes untermischen, mit Zitrone abschmecken.

Abwandlung: Beliebiges Obst in Würfel schneiden und dazugeben.

Weizenkeim-Müsli

2 Becher Bioghurt
2 EL Sanddornvollfrucht
2 EL Milchzucker
2 EL Leinsamen
4 EL Weizenkeime

Bioghurt mit Sanddornvollfrucht verrühren, Milchzucker und Leinsamen hineinmengen, mit Weizenkeimen bestreut anrichten.

Abwandlungen: An Stelle von Bioghurt Buttermilch verwenden;
Sanddornvollfrucht kann man auch durch Honig ersetzen.

Apfel-Müsli

40 g Rosinen
2 mittelgroße Äpfel
etwas Zitronensaft
65 g Haferflocken
⅛ l Milch
3 TL Honig
1 EL geriebene Haselnüsse

Rosinen waschen und abtropfen lassen. Äpfel waschen, schälen und reiben oder raffeln, mit Zitronensaft beträufeln. Milch mit Haferflocken mischen, Rosinen und Äpfel untermengen. Das Müsli mit geriebenen Haselnüssen bestreut servieren.

Kollath-Frühstück

250–300 g frisches Obst
je 2 TL Zitronensaft
Honig und Milchzucker
100 g Kollathflocken
2 TL Leinsamen (geschrotet)
2 Becher Joghurt
1 EL geriebene Haselnüsse

Früchte (Äpfel, Birnen, Apfelsinen, Mandarinen, Bananen, Kirschen, Beerenobst) gut zerkleinern, mit Zitronensaft, Honig und Milchzucker mischen. Flocken und Leinsamen mit Joghurt und dann mit der Obstmischung vermengen. Mit Nüssen bestreut zu Tisch bringen.

Abwandlungen: An Stelle von Joghurt Sauer- oder Buttermilch verwenden;
Flocken durch Kollathschrot und Frischobst durch Sanddornvollfrucht ersetzen.

Eier mit Speck
(Ham and Eggs)

6–8 hauchdünne Scheiben roher Bauchspeck
etwas Butter
4 Eier
Salz, Pfeffer

Speckscheiben in der Pfanne in heißer Butter goldbraun braten, Eier hineinschlagen und als Spiegeleier braten, bis das Eiweiß fest ist; dabei salzen und pfeffern. Auf zwei vorgewärmte Teller verteilen.

Frühstücksquark

125 g Quark oder Schichtkäse
Milch oder Sahne
Radieschen und Zwiebel oder gehackte Kräuter
etwas Salz

Quark mit Milch oder Sahne glattrühren, mit geriebenen Radieschen und etwas Zwiebel würzen, leicht salzen. Nach Belieben zusätzlich oder ausschließlich gehackte Kräuter mit dem Quark vermengen. Dazu Vollkornbrot und Butter reichen oder den Quark als Brotaufstrich verwenden.

20-Minuten-Rezepte

Kräuterpfannkuchen

60 g Mehl
4 EL Milch
4 Eier
Salz
gehackte Kräuter (je nach Jahreszeit)
Bratfett
2 Tomaten

Mehl, Milch, Eier und Salz zu Eierkuchenteig verarbeiten, mit den Kräutern vermengen. In der Pfanne Fett heiß werden lassen, aus dem Teig zwei bis vier goldgelbe Pfannkuchen backen. Mit Tomatenachteln anrichten.

Käse-Schinken-Toast

Je 2 Scheiben Weißbrot
Butter
gekochter Schinken und Schnittkäse
1 Tomate

Weißbrotscheiben beiderseits toasten, auf einer Seite buttern, mit Schinken und dann mit Käse belegen, mit je 3 bis 4 Tomatenscheiben garnieren, im Ofen oder Grill überbacken, bis der Käse zu schmelzen beginnt. Heiß servieren.

Weitere Vorschläge für Toastgerichte finden Sie ab Seite 130.

Haferflockenbrei
(Porridge)

70 g Haferflocken
knapp 2 Tassen Wasser
Salz
Milch oder Sahne
Zucker

Haferflocken in das zum Kochen gebrachte Wasser einstreuen, dabei ständig umrühren. Nach dem Aufkochen auf kleinster Flamme 20 bis 25 Minuten quellen lassen, nach Ablauf der halben Zeit salzen. Mit Milch oder Sahne und Zucker zu Tisch geben.

Bircher-Müsli

100 g Haferflocken
¼ l Milch
2 geriebene Äpfel
Saft einer halben Zitrone
50 g Zucker
⅛ l Sahne oder Dosenmilch
1 EL geriebene Nüsse

Haferflocken mit heißer Milch begießen und 15 bis 25 Minuten weichen lassen. Geriebene Äpfel mit Zitronensaft vermengen und zuckern. Geweichte Haferflocken mit Sahne mischen und mit dem Apfelbrei verrühren. Müsli mit geriebenen Nüssen bestreuen und sofort servieren.

Abwandlungen: Apfelsinen (gewürfelt) oder Bananen (in Scheiben geschnitten) oder feingeschnittenes Trockenobst statt der Äpfel verwenden. Mit Honig statt mit Zucker süßen. Geschlagene Sahne unterziehen.
Wer bißfeste Flocken vorzieht, vermischt alle übrigen Zutaten und vermengt sie erst vor dem Anrichten mit den Haferflocken.

Sonntagsfrühstück

(Brunch)

Beim gemütlichen Frühstück am Sonntag oder arbeitsfreien Sonnabend gibt es meist etwas Warmes, so daß das Mittagessen nach dem späten Frühstückstermin ausfallen kann. Die Amerikaner haben deshalb aus »Breakfast« (Frühstück) und »Lunch« (Mittagessen) das Wort Brunch gebildet.
Wichtigster Grundsatz ist eine vielseitige, bunte und zugleich originelle Speisenfolge, die möglichst aus jeder der folgenden Gruppen etwas enthalten sollte:
Fruchtiges: Säfte (Orangen-, Grapefruit- oder Ananassaft, frisch gepreßt mit dem Entsafter), frisches Obst (z. B. Melone, Orange, Grapefruit, Kiwi)

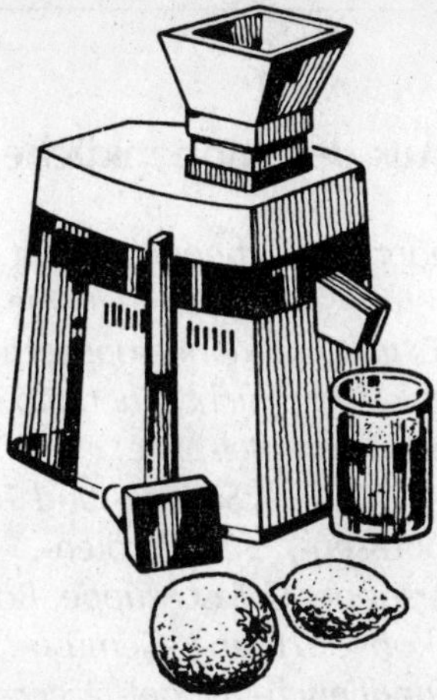

Eier (als gekochte Eier, Spiegel- oder Rühreier, Eier im Glas) und Eierspeisen (Eierkuchen aller Art)
Fischiges: Räucherfisch- oder Heringsgerichte, Cocktails aus Meeresfrüchten (z. B. Krabben, Scampi), Fischmarinaden
Fleischiges: Wurst- oder Schinkenaufschnitt, gebratene oder gegrillte Würstchen, Streichwurst, Pasteten
Käse: gemischte Käseplatte mit leichten Käsesorten; Streichkäse, auch Käsesalate
Süßes: Gelees, Konfitüren, Marmeladen, Honig
Brot und Gebäck: verschiedene Brotsorten (Weiß- und Mischbrot, Toast, Pumpernickel, Knäckebrot), Rosinenbrot, Kuchen
Milch und Milchprodukte: Trinkmilch, Joghurt, Butter, Quark
Getränke: Kaffee, Tee, Kakao, dazu Sahne und Zucker

Aus der Suppenküche

Auf keinem anderen Küchengebiet hat sich die Nahrungsmittelindustrie so angestrengt wie auf dem der Suppenküche. Es gibt fast keine Suppe, die man aus Dosen, Würfeln oder Tüten nicht innerhalb kurzer Zeit auf den Tisch bringen kann. Beispiele:

Dosen: *Spargel-, Hühner-, Sellerie- und Tomatencremesuppe, Haifischflossen-, Schildkröten-, Trepang- und Schwalbennestersuppe, Gulaschsuppe, Bouillabaisse.*

Tüten: *Blumenkohl-, Erbsen-, Gemüse-, Hühner-, Linsen-, Spargel-, Rindfleisch-, Nudel-, Jäger-, Gulasch- und Champignonsuppe.*

Würfel, Pulver, Körner: *Rindfleisch-, Kalbfleisch- und Hühnerbrühe.*

Dieses große Angebot verführt natürlich dazu, sich die Sache leichtzumachen und sein ganzes Suppenrepertoire aus Dosen und Tüten zu bestreiten. Dazu besteht aber kein Grund – es gibt nämlich eine ganze Reihe von Suppen, die man aus frischen Zutaten in kurzer Zeit bereiten kann. Aber auch wenn man sich an Fertigprodukte hält, sollte man zwei Möglichkeiten nicht außer acht lassen:

Jede Fertigsuppe läßt sich mit einfachen Mitteln verfeinern – ein Schuß Rotwein, etwas Sahne oder Dosenmilch, ein Stich Butter, eine sorgfältig gewählte Einlage können Wunder vollbringen.

Man sollte nie vergessen, auch einer Fertigsuppe mit gehackten Kräutern (Petersilie, Schnittlauch usw.) den letzten Pfiff zu geben. In Verbindung mit Suppen aus der Dose oder Tüte lassen sich übrigens Reste wie gekochte Kartoffeln, Reis, Teigwaren, Fleischreste gut verwerten.

Fleischbrühe mit Einlage

½ l Fleischbrühe nach Geschmack würzen, eine der folgenden Einlagen hineingeben und erhitzen bzw. in der Brühe garen:

Teigwaren: Sternchen, Hörnchen, Ravioli, Buchstabennudeln, Fadennudeln
Gemüse: Karotten, Spargelabschnitte, Gemüsemais, Tomatenstücke, Weißkrautstreifen, Zwiebelringe
Fleisch: Streifen von Kalbs- oder Schweinebraten, gebratener Niere, Wurstresten; Würfel von Wildfleisch, Ochsenbrust, Zunge
Fisch: Kochfischreste, Räucheraalstückchen, Krebsschwänze, Scampi, Krabben

Kressesuppe mit Sahne

1 kleine Zwiebel
1 TL Butter
2 Kästchen Kresse
¼ l Hühnerbrühe
1 EL Weißwein
Salz, Pfeffer
1 Eigelb
⅛ l Sahne

Zwiebel fein hacken und in Butter andünsten. ¾ der Kresse abschneiden, abspülen, abtropfen lassen und ein paar Minuten mitdünsten, dann Brühe angießen und aufkochen lassen. Die Suppe mit Wein, Salz und Pfeffer abschmecken, von der Brennstelle nehmen. Eigelb mit Sahne verquirlen und unterziehen. Die Suppe auf Tassen verteilen und mit der restlichen Kresse garnieren.

Schnelle Kartoffelsuppe

Suppengrün
Fett zum Andünsten
½ l Würfelbrühe
¼ Paket Kartoffelpüreepulver
Salz
1 kleine Zwiebel

Suppengrün möglichst fein schneiden, in Fett andünsten, mit Brühe auffüllen und weich kochen. Kartoffelpüreepulver untermengen, aufkochen. Zwiebel unterdessen schneiden und in der Pfanne in Fett bräunen, über die Suppe geben.

Verfeinerung: In Scheiben geschnittene Kochwurst oder kleine Dosenwürstchen in der Suppe heiß werden lassen. An Stelle der gebräunten Zwiebel können Sie auch geröstete Brotwürfel verwenden.

20-Minuten-Rezepte

Leberknödelsuppe

1 altbackene Semmel
1–2 EL Milch
65 g Rinderleber
15 g Speck
1 kleine Zwiebel
1 Ei
Salz, Pfeffer
Majoran
Petersilie
geriebene Zitronenschale
Semmelmehl
½ l Würfelbrühe

Semmel in Milch oder Wasser einweichen, fest ausdrücken, zerpflücken und zusammen mit Leber, Speck und Zwiebel durch den Fleischwolf (feine Scheibe) drehen. Mit Ei und Gewürzen verkneten, bei Bedarf etwas Semmelmehl zugeben. Mit nassen Händen kleine Klößchen formen oder abstechen und in der kochenden Brühe in 10 bis 20 Minuten (je nach Größe) gar ziehen lassen.

Hackfleisch-Schnellbrühe

je 1 kleine Zwiebel und Mohrrübe
80 g Hackfleisch
Bratfett
½ l Wasser
1 Eigelb
Salz
gehackte Kräuter

Zwiebel reiben, Mohrrübe fein schneiden, mit dem Hackfleisch vermengen und kurz in der Pfanne anbraten, dann mit Wasser auffüllen und 10 Minuten kochen. Vom Feuer nehmen, mit verquirltem Eigelb legieren und mit Salz abschmecken. Vor dem Auftragen gehackte Kräuter darübergeben.

Kerbelsuppe mit Sahne

100 g Kerbel
½ l Fleischbrühe
Salz, Pfeffer
25 g Butter
1–2 EL saure Sahne

Kerbel waschen und fein schneiden oder wiegen. Fleischbrühe erhitzen und abschmecken. Kerbel in heißer Butter vorsichtig andünsten, mit Brühe auffüllen, einmal aufwallen lassen, die Sahne unterziehen und die Suppe sofort zu Tisch geben.

Überbackene Suppe mit Ei

(Zuppa pavese)

½ l gewürzte Fleischbrühe
2 Scheiben Weißbrot
2 Eier
2 EL Reibkäse

Fleischbrühe erhitzen. Weißbrotscheiben toasten, in große Suppentassen oder Teller legen. Auf jede Brotscheibe ein Ei schlagen. Vorsichtig mit heißer Brühe auffüllen. Im heißen Ofen überbacken, bis das Eiweiß gerinnt. Beim Auftragen mit reichlich Reibkäse bestreuen.

Pilzsuppe nach Jägerart

200 g Pilze
1 kleine Zwiebel
1 EL Öl
30 g Speck
20 g Mehl
½ l Würfelbrühe
4 EL Sahne
Salz, Pfeffer
½ Glas Portwein
Petersilie

Pilze putzen, waschen und fein schneiden, Zwiebel würflig schneiden, beides mit erhitztem Öl und gewürfeltem Speck andünsten, mit Mehl bestäuben, mit Brühe auffüllen und zum Kochen bringen. Wenn die Pilze gar sind, Sahne hineinrühren, mit Salz und Pfeffer abschmecken, mit Portwein verfeinern und mit Petersilie bestreut auftragen.

Bunte Gemüsesuppe

1 kleine Sellerieknolle
2 große Mohrrüben
2 große Kartoffeln
1–2 große Zwiebeln
1 Paprikaschote
1 Stange Porree
50 g Speck
50 g Butter oder Margarine
knapp ¾ l Würfelbrühe
Salz
gehackte Petersilie

Sellerie, Mohrrüben und Kartoffeln putzen bzw. schälen und mit dem Gurkenhobel in feine Scheiben hobeln. Zwiebeln, Paprika und Porree in Ringe oder Scheiben schneiden. Speck in Würfel teilen, im Topf anbraten, Butter oder Margarine dazugeben und das Gemüse darin andünsten. Mit Würfelbrühe auffüllen, leicht salzen, die Suppe in 12 bis 20 Minuten fertig garen. Mit Petersilie bestreut anrichten. Nach Belieben kleine Fleischwürste in der Suppe heiß werden lassen.

Tomatensuppe mit Käse

1 kleine Zwiebel	*30 g Reibkäse*
20 g Butter	*Salz*
250 g Tomaten	*Edelsüßpaprika*
20 g Mehl	*gehackte Petersilie*
¼ l Fleischbrühe	*2 EL Dosenmilch*

Feingehackte Zwiebel in heißem Fett andünsten, die überbrühten, abgezogenen und grob geschnittenen Tomaten dazugeben und einige Zeit mitdünsten. Mehl überstäuben, umrühren und die Fleischbrühe angießen, die Suppe 10 Minuten kochen lassen, dann durch ein Sieb streichen. Käse hineinrühren, mit Salz und Paprika würzen, Petersilie und Dosenmilch hineinrühren.

Mais-Curry-Suppe

1 kleine Zwiebel	*1 Tasse Maiskörner (Dose)*
40 g Butter	*1 TL Speisestärke*
⅜ l Würfelbrühe	*4 EL Sahne oder*
⅛ l Milch	*Dosenmilch*
Salz	*1 Eigelb*
⅛ TL Curry	*gehackte Kräuter*
1 TL Worcestersauce	

Zwiebel sehr fein schneiden, in Butter glasig dünsten, mit Brühe und Milch auffüllen, mit Salz, Curry und Worcestersauce abschmecken, die Maiskörner dazugeben, 10 Minuten durchkochen. Speisestärke mit Sahne oder Dosenmilch und Eigelb verquirlen, in die Suppe rühren, kurz aufkochen. Mit gehackten Kräutern bestreut anrichten.

Windsorsuppe

20 g Mehl
20 g Butter
gut ½ l Würfelbrühe
1 kleine Dose Champignons
100 g Reste von Kalbfleisch oder gekochtem Schinken
Salz
Muskatnuß
Streuwürze
1 Eigelb
4 EL Sahne oder Dosenmilch
ca. 100 g Reste von gekochten Makkaroni oder anderen Teigwaren

Mehl in Butter schwitzen, mit der Brühe auffüllen und 8 Minuten durchkochen. Champignons und Fleisch oder Schinken klein schneiden und in der Suppe heiß werden lassen. Mit Salz, einem Hauch geriebener Muskatnuß und Streuwürze abschmecken. Eigelb mit Sahne oder Dosenmilch verquirlen, die vom Feuer genommene Suppe damit legieren, die geschnittenen Makkaroni hineingeben.

Abwandlung: Auf ähnliche Weise lassen sich auch Reste von Hühnerfleisch und Reis aufbereiten.

Urner Käsesuppe

30 g Mehl
30 g Butter
knapp ½ l Wasser
½ TL Kümmel
½ Knoblauchzehe
65 g Emmentaler Käse
¼ l Milch
Salz, Pfeffer
Muskatnuß

Mehl in Butter kräftig anrösten, mit kaltem Wasser ablöschen, Kümmel hineingeben und 10 Minuten durchkochen. Knoblauchzehe 5 Minuten in der Suppe ziehen lassen, dann wieder herausnehmen. Käse reiben und in der erhitzten Milch auflösen. Suppe und Käsemilch mischen, mit Salz, Pfeffer und Muskat abschmecken.

Kopenhagener Muschelsuppe

25 g Mehl
15 g Butter
2 TL Tomatenmark
½ l Fleischbrühe
Salz
Tabascosauce
1 kleine Dose Muscheln
⅛ l süße Sahne
1 Eigelb
etwas Petersilie

Mehl in Butter anschwitzen, Tomatenmark und Brühe dazugeben, kurz aufkochen und würzen. Muschelfleisch hineingeben, bei schwacher Hitze 8 Minuten kochen. Die Suppe von der Brennstelle nehmen, mit Sahne verquirltes Eigelb hineinrühren, nicht mehr kochen. Auf 2 Tassen verteilen und Petersilie aufstreuen.

Schildkrötensuppe »Lady Curzon«

1 Dose echte Schildkröten-suppe
etwas Sherry
3 EL süße Sahne
Curry

Inhalt der Dose erhitzen, ohne ihn zum Kochen zu bringen. Mit Sherry abschmecken, in kleine Tassen geben. Sahne schlagen und auf die beiden Tassen verteilen, mit Curry bepudern. Kurz im Ofen oder Grill überbacken.

Feine Spargelsuppe

200 g Spargel
1 Würfel Hühnerbrühe
20 g Mehl
20 g Butter
1 Eigelb
1 EL Dosenmilch
Salz
Streuwürze

Spargel schälen, waschen, in 3 cm lange Stücke schneiden, mit Wasser bedeckt gar kochen und abseihen. Spargelbrühe zu ½ l auffüllen, Hühnerbrüh-Würfel darin auflösen. Mehl in Butter hellgelb schwitzen, mit der Brühe auffüllen, 8 Minuten durchkochen. Eigelb mit Dosenmilch verrühren, die vom Feuer genommene Suppe damit legieren, mit Salz und Streuwürze abschmecken, die Spargelstücke hineingeben.

Abwandlung: Spargelabschnitte aus der Dose verwenden; den Spargel in diesem Fall nicht mitkochen, sondern vorsichtig in der fertigen Suppe heiß werden lassen.

Fischklößchensuppe

Für die Klößchen:
150 g gekochtes Fischfilet
Salz
weißer Pfeffer
½ EL Butter
1 Ei
etwas Petersilie
1 TL Zitronensaft
2–3 EL Semmelmehl

Für die Suppe:
1 Mohrrübe
½ Stange Lauch
¼ Sellerieknolle
1 EL Öl
¼ l Fischbrühe
Salz, Pfeffer
½ Knoblauchzehe
½ l Fleischbrühe
1 Msp Safran
150 g (¼ Paket) Tiefkühlerbsen

Für die Klößchen Fischfilet durch den Fleischwolf drehen, salzen und pfeffern, Butter und Ei einarbeiten, gehackte Petersilie mit Zitrone und Semmelmehl hineinkneten. Für die Suppe Gemüse putzen, waschen und in Würfel schneiden, in heißem Öl andünsten und mit Fischbrühe auffüllen, mit Salz, Pfeffer und Knoblauch 15 Minuten kochen. Heiße Fleischbrühe, Safran und Erbsen dazugeben. Vom Fischteig Klößchen abstechen und 10 Minuten in der Suppe garen.

Pfifferlingsuppe unter der Haube

1 Blatt Tiefkühlblätterteig
150 g Pfifferlinge
½ l Instant-Hühnerbrühe
1 Knoblauchzehe
1 EL gehackte Petersilie
Pfeffer, Salz
1 Ei
2 EL Milch

Blätterteig auftauen lassen. Pfifferlinge waschen, abtropfen lassen, 6 bis 8 kleine Pilze zurücklegen, die übrigen grob hacken, mit zerdrückter Knoblauchzehe und Petersilie zur Hühnerbrühe geben und zum Kochen bringen, 30 Minuten bei schwacher Hitze köcheln und die Brühe etwas einkochen. Mit Pfeffer und Salz würzen und erkalten lassen.
Zwei ofenfeste Tassen bereitstellen. Blätterteig ausrollen, zwei runde Scheiben (etwa 3 cm größer als der Tassendurchmesser) ausschneiden. Pilzbrühe in die Tassen füllen, die zurückbehaltenen Pfifferlinge hineingeben. Tassenränder mit Eiweiß bestreichen, etwas antrocknen lassen. Blätterteigränder ebenfalls mit Eiweiß bestreichen. Tassen mit Blätterteig zudecken, die Ränder umlegen und fest andrücken. Blätterteig mit dem mit Milch verquirlten Eigelb bestreichen. Die Tassen in den vorgeheizten Backofen stellen und 15 Minuten bei 225° C backen.

Grießnockerlsuppe

20 g Butter
40 g Grieß
1 Eigelb
Salz, Pfeffer
Muskat
½ l Würfelbrühe

Butter schaumig rühren, nach und nach Grieß und Eigelb zugeben, mit Salz, Pfeffer und Muskat würzen, 20 Minuten stehenlassen. Mit einem Teelöffel Nockerln abstechen, in die kochende Brühe geben und in etwa 12 Minuten gar ziehen lassen. Je kleiner die Nockerln abgestochen werden, desto schneller sind sie gar.

Gulaschsuppe

200 g Rindfleisch
100 g Zwiebeln
30 g Schweineschmalz
10 g Mehl
1 EL Tomatenmark
Paprika
Salz
Majoran
½ l Wasser
½ Glas Rotwein
Worcester- oder Tabascosauce

Fleisch in kleine Würfel oder Scheiben schneiden, mit den gewürfelten Zwiebeln in Schmalz andünsten, mit Mehl bestäuben, kurz anrösten, Tomatenmark und die Gewürze dazugeben und mit Wasser auffüllen. Auf kleiner Flamme garen, Rotwein hineingeben, mit Paprika und der Würzsauce pikant abschmecken. Dazu Weißbrot reichen.

Schnelle Minestrone

¾ l Fleischbrühe
1 Tasse Reis
½ Päckchen tiefgefrorenes Suppengemüse
60 g fetter Speck
1 große Tomate
½ Knoblauchzehe
1 Msp Salbei
Petersilie
Reibkäse

Fleischbrühe erhitzen und den Reis hineingeben, aufkochen. Suppengemüse hinzufügen, die Brühe wieder zum Kochen bringen. Gewürfelten Speck anbraten, überbrühte und abgezogene Tomate in Würfel schneiden und kurz mitdünsten, beides mit der geriebenen Knoblauchzehe, dem Salbei und der gehackten Petersilie zur Suppe geben, 25 Minuten auf kleiner Flamme köcheln. Reibkäse gesondert reichen.

20-Minuten-Rezepte

Milchsuppe mit Nudeln

½ l Milch
30 g Zucker
1 Prise Salz
½ Päckchen Vanillezucker
60–80 g Bandnudeln

Milch mit Zucker, Salz und Vanillezucker zum Kochen bringen, die Nudeln hineingeben und auf kleiner Flamme garen.

Abwandlung: Die Milchsuppe mit Resten von gekochtem Reis oder Teigwaren bereiten (in diesem Fall nur kurz aufkochen).

Abgerührte Apfelsuppe

250 g Äpfel
⅜ l Wasser
½ Glas Weißwein
50 g Zucker
1 EL gehackte Mandeln
10 g Speisestärke
1 Eigelb

Äpfel waschen, vierteln, die Kerngehäuse entfernen (bei Bedarf auch schälen), mit Wasser aufsetzen, garen, abgießen und etwa ¾ der Äpfel passieren, den Rest zur Seite stellen. Kochbrühe mit passierten Äpfeln, Weißwein, Zucker und Mandeln nochmals zum Kochen bringen. Speisestärke mit Eigelb verquirlen, die vom Feuer genommene Suppe damit legieren, die zurückbehaltenen Apfelschnitzel hineingeben.

Obstsuppe

250 g frisches Obst
½ l Wasser
12 g Speisestärke
Zucker nach Bedarf
½ Päckchen Vanillezucker
etwas Zitronensaft

Obst waschen, zerschneiden und mit Wasser aufsetzen, bei schwacher Hitze gar werden lassen. Speisestärke kalt anrühren, in die Suppe geben und aufkochen lassen. Mit Zucker, Vanillezucker und Zitronensaft abschmecken, heiß oder kalt auftragen.

Verfeinerung durch ½ Glas Weißwein und eine Einlage aus Suppenmakronen.

Aprikosen-Kaltschale

½ Dose Aprikosen
60 g Zucker
10 g Speisestärke
¼ l trockener Weißwein
Suppenmakronen

Aprikosen abtropfen lassen. ¼ l Wasser mit 50 g Zucker aufkochen, mit kalt angerührter Speisestärke binden und abkühlen lassen. Die Hälfte der Aprikosen in Scheiben schneiden, die andere Hälfte im Mixer pürieren oder durch ein Sieb treiben. Zuckerlösung mit Wein, geschnittenen und pürierten Früchten und abgelaufenem Aprikosensaft mischen, nochmals nachzuckern, kalt mit Suppenmakronen servieren.

Weinkaltschale mit Äpfeln

500 g Äpfel
¾ l Wasser
75 g Zucker
½ Stange Zimt
Schale einer halben Zitrone
30 g Sago
etwa ¼ l Rotwein

Äpfel schälen und in dünne Spalten schneiden. Wasser mit Zimt und Zucker und der dünn geschälten Zitronenschale aufkochen, den Sago einrühren und etwa 10 Minuten kochen lassen. Die Apfelspalten dazufügen und garen, ohne daß sie zerfallen. Nach dem Erkalten mit Zucker und Rotwein abschmecken.

Schnelle Eierspeisen

Das Ei ist für die Schnellküche wie geschaffen. Gleichgültig, welche Zubereitungsart man wählt – länger als 40 Minuten dauert es in keinem Fall, bis eine Eierspeise auf den Tisch kommt. Eier gehören deshalb zum Standardvorrat in der zeitknappen Küche. Im Eierfach des Kühlschranks bleiben sie zwischen 10 und 14 Tagen frisch. Auch die »Portionsgröße« ist für den kleinen Haushalt ideal – man braucht keine größere Packung anzubrechen, wenn man es auf eine Eierspeise abgesehen hat. Normalerweise haben die Eier in der Schnellküche nur einen Nachteil, an dem sie selbst schuldlos sind: Sie verleiten dazu, es bei Spiegeleiern, Rührei und Eierkuchen bewenden zu lassen. Daß es darüber hinaus auch noch viele andere Zubereitungsmöglichkeiten gibt, beweisen die nachstehenden Rezepte. Viele davon lassen sich mit etwas Fantasie beliebig abwandeln. Sie sollten es auf einen Versuch ankommen lassen!

Amerikanische Spiegeleier

(1 Portion)

1 Scheibe Weißbrot (Toastbrot)
Butter
1 Banane
Paprika
1 Scheibe Schinken
1 Ei
Schnittlauch

Weißbrot beiderseits toasten, auf einer Seite buttern. Banane schälen und halbieren, in heißer Butter braten, mit Paprika überpudern. Weißbrot mit Schinken bedecken und mit den Bananenhälften belegen. Spiegelei braten, Ränder sauber beschneiden. Das Spiegelei auf die Bananenhälften legen, mit feingeschnittenem Schnittlauch bestreuen. Dazu nach Belieben Tomatenhälften, mit Kresse bestreut, Radieschen, Tomatensalat, grüner Salat oder Salat aus gekochtem Gemüse. Auch Ketchup paßt dazu.

Verlorene Eier

Wasser mit etwas Salz und einem Schuß Essig zum Kochen bringen. Pro Person 2 Eier einzeln in eine Schöpfkelle schlagen und in das kochende Wasser gleiten lassen. In 3 bis 4 Minuten garen, so daß das Eiweiß fest wird, das Eigelb aber halb flüssig bleibt. Herausnehmen, abschrecken, die Ränder sauber beschneiden. Auf Toast, zu Salaten, zu Spinat oder mit Sauce zu Tisch geben.

Rührei-Variationen

(1 Portion)

1–3 Eier
etwas Milch
Salz
Bratfett

Eier mit Milch verquirlen und salzen. Fett in der Pfanne heiß werden lassen, die Masse hineingeben und unter vorsichtigem Umrühren mit einem Holzlöffel oder einer Gabel bei schwacher Hitze stocken lassen. Rechtzeitig aus der Pfanne nehmen, damit die Rühreimasse nicht zu trocken auf den Tisch kommt. Nach Belieben die noch ungebratene Masse vermischen mit gehacktem Schinken, Speck, Leber, Wurstresten, Käse, Pilzen, geschnittenem Spargel, ganzen Krabben oder gekochten Fischresten, fein zerpflückt. Alle diese Zutaten kann man aber, entsprechend abgeschmeckt, auch als Beigabe zum Rührei reichen.

Gebackene Eier

Öl oder Backfett im Topf heiß werden lassen, pro Person zwei Eier nach dem Rezept für verlorene Eier hineingeben, während des Backvorgangs vorsichtig mit zwei Eßlöffeln formen. Herausnehmen, sobald das Eiweiß gebräunt ist.

Vereinfachung: Eier wachsweich kochen, schälen, gut abtropfen lassen, in Mehl, Eiweiß und Semmelmehl wenden und in Fett schwimmend ausbacken.

Eier im Förmchen

(1 Portion)

1 Ei — *1 EL Milch oder Wasser*
Salz — *etwas Butter*

Ei mit Salz und Milch oder Wasser gut verquirlen, in einen gebutterten Eierkocher (Jenaer Glas) füllen, 6 bis 8 Minuten im Wasserbad garen.

Abwandlungen: 2 Teelöffel Reibkäse mit der Eiermasse verrühren, mit Paprika bestreut servieren;
je 1 Teelöffel feingewiegten Schinkenspeck und gewürfelte Gewürzgurke in das Förmchen geben, mit Eiermasse übergießen (Milch nach Belieben weglassen), mit Paprika bestreut zu getoastetem Weißbrot reichen;
50 g gewürfelten, angebratenen Schinken, 30 g Streichschmelzkäse in Flöckchen und 3 Tomatenscheiben in das Förmchen geben, mit verquirltem Ei übergießen.
Zu Weißbrot oder Röstkartoffeln reichen.

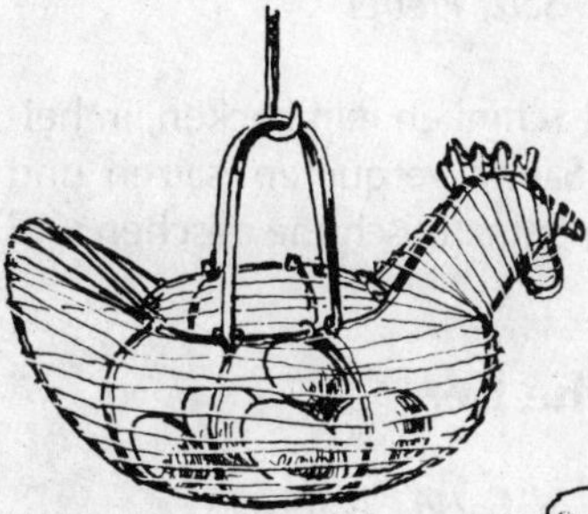

Venezianische Eier

20 g Butter
½ Tasse Reibkäse
5 EL Tomatensaft
3–4 Eier
Salz, Pfeffer

Butter in der Pfanne erhitzen und den Reibkäse darin schmelzen lassen, Tomatensaft dazurühren. Eier mit Salz und Pfeffer verquirlen, in die Pfanne zur Käsemasse gießen und bei mäßiger Hitze unter vorsichtigem Umrühren und Zusammenschieben stocken lassen.

Spinatrührei mit Sahne

50 g Spinatblätter
1 kleine Zwiebel
½ Bund Petersilie
50 g roher Schinken
1 TL Butter
4 Eier
⅛ l Sahne
Salz, Pfeffer

Spinat, Zwiebel, Petersilie und Schinken fein hacken, in heißer Butter dünsten. Eier mit Sahne verquirlen, salzen und pfeffern. Die Eiermasse mit der Spinatmischung mischen und braten.

Russische Eier

4 hartgekochte Eier
Senf
Sardellenpaste
gehackte Petersilie
Butter
Mayonnaise

Eier der Länge nach halbieren, das Eigelb vorsichtig herausnehmen, mit der Gabel zerdrücken und mit Senf, Sardellenpaste, Petersilie und etwas Butter zu einer glatten Creme rühren. Die Creme in einen Spritzbeutel geben, die Eihälften damit füllen und auf Mayonnaise anrichten.

Abwandlungen: Eigelb zur Abwechslung verrühren mit gehacktem Räucherlachs, einem Spritzer Essig, etwas Öl; gehackten Kräutern, Currypulver, Butter und Salz; gehackten Oliven, Butter, Selleriesalz, geriebener Zwiebel. Als Garnitur eigenen sich Tomatenachtel, Radieschen, kleine Gewürzgurken, Mixed Pickles und Petersiliensträußchen.

Gebackenes Sahneei

(1 Portion)

1 EL feinwürflig geschnittener roher Schinken
etwas Butter
1 Ei
Salz, Pfeffer
1 EL süße Sahne
Schnittlauch
Tomaten zum Garnieren

Schinken in ein gefettetes Förmchen geben, das Ei darüber schlagen, salzen, pfeffern, mit Sahne bedecken. Im vorgeheizten Backofen bei Mittelhitze 15 bis 18 Minuten backen, noch heiß mit Schnittlauch bestreuen. Tomatenachtel dazu reichen.

Balaton-Eier

2 TL Öl
1 EL Tomatenpaprika
1 EL gehackte Petersilie
4 Eier
Salz, Pfeffer

2 Tassen mit Öl ausstreichen, geschnittene Tomatenpaprika und Petersilie darauf verteilen. Eier mit Salz und Pfeffer verquirlen, in die Tassen gießen und etwa 15 Minuten im Wasserbad stocken lassen. Die Eier auf Teller stürzen, mit Tomatenketchup zu Butterspätzle und grünem Salat reichen.

Eierkuchen

100 g Mehl
⅛ l Milch
3 Eier
etwas Salz
Backfett

Zum Mehl nach und nach Milch und Eier rühren, leicht salzen. Portionsweise Teig in die Pfanne mit heißem Backfett geben, von beiden Seiten goldgelb backen, auf gewärmtem Teller anrichten.

Normannische Apfeleierkuchen

125 g Mehl
40 g Zucker
1 Prise Salz
3 Eier
¼ l Milch
3 Äpfel
etwas Calvados
Zitronensaft
Butter

Aus Mehl, Zucker, Salz, Eiern und Milch einen nicht zu flüssigen Eierkuchenteig rühren, etwas ziehen lassen. Äpfel schälen, vom Kernhaus befreien und in dünne Scheiben schneiden, mit Calvados und Zitronensaft beträufeln und in wenig Butter andünsten. Portionsweise Teig in die gebutterte Pfanne geben und jeweils einige Apfelscheiben drauflegen. Die Eierkuchen von beiden Seiten goldgelb backen.

Omelett mit Früchten

(1 Portion)

3 Eier	*1 EL süße Sahne*
25 g Zucker	*Butter*
1 Päckchen Vanillezucker	*Füllung (siehe unten)*
25 g Mehl oder Speisestärke	

Eigelb mit Zucker und Vanillezucker schaumig rühren, steif geschlagenes Eiweiß darauf gleiten lassen, mit Mehl oder Speisestärke besieben, die Sahne dazugeben und alles vorsichtig zu einer schaumigen Masse vermengen. Butter in einer Pfanne oder in einer feuerfesten Form heiß werden lassen, die Schaummasse hineingeben, im vorgeheizten Ofen bei mäßiger Hitze mittelbraun backen (nicht umdrehen!). Eine Hälfte mit Füllung belegen, die andere Hälfte darüberklappen, sofort auf einem vorgewärmten Teller anrichten und servieren.

Füllungsvorschläge: gedünstete Kirschen, Aprikosenmarmelade oder Preiselbeerkonfitüre.
Füllung nach Belieben mit Rum abschmecken oder mit Likör (Apricot Brandy, Cherry Brandy) verfeinern.

Krabbenomelett
(1 Portion)

2 Eier
etwas Salz
Butter

Füllung:
100 g Krabben
Ketchup
Zitronenachtel

Eier schaumig schlagen und leicht mit Salz abschmecken. In der stark erhitzten Pfanne Butter heiß werden lassen. Eimasse hineingeben, sobald die Butter hochschäumt. Das Omelett unter vorsichtigem Umrühren der Masse und Schütteln am Pfannenstiel garen. Die Masse in einer Ecke der Pfanne zu-

Omelett unter vorsichtigem Rühren garen

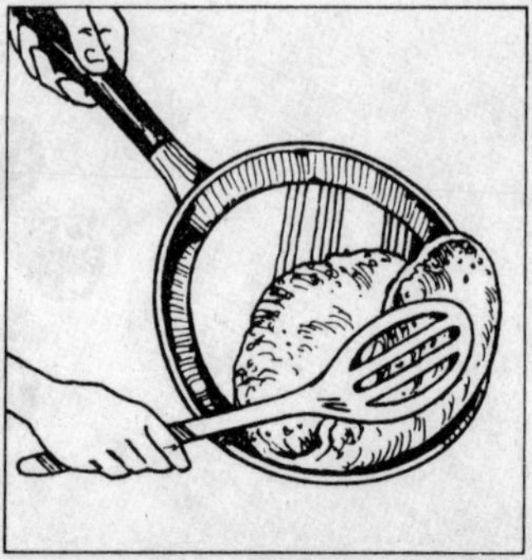

Nach dem Füllen eine Hälfte über die andere klappen

Das fertige Omelett auf einen Teller gleiten lassen

sammenschieben, auf eine vorgewärmte Platte stürzen, in der Mitte der Länge nach einschneiden und mit angedünsteten Krabben füllen. Mit Ketchup beträufeln, heiß zu Tisch geben, mit Zitronenachteln garnieren.

40-Minuten-Rezepte

Leichtes Käse-Soufflé

1/8 l Milch
125 g Streichschmelzkäse
40 g Butter
4 Eier
1 TL geriebene Zwiebel
1 EL feingewiegte Petersilie
Salz, Pfeffer
etwas Butter für die Form

Milch erhitzen, Käse und Butter in Flöckchen zerteilt dazugeben und rühren, bis der Käse geschmolzen ist, dann abkühlen lassen. Nach und nach unter ständigem Rühren Eier, Zwiebel, Petersilie in die Käsesauce geben, mit Salz und frisch gemahlenem Pfeffer würzen. Die Käsemasse in eine gefettete feuerfeste Form füllen, im vorgeheizten Backofen bei 175° C 30 Minuten backen und sofort zu Tisch geben.

Omelett nordamerikanisch

Für die Sauce:
2 Zwiebeln
½ Knoblauchzehe
2 EL Olivenöl
1 grüne Paprikaschote
1 rote Paprikaschote
½ rote Pfefferschote
125 g Tomaten
½ EL Edelsüßpaprika
2 TL Mehl
4 EL heiße Fleischbrühe
1 EL Weißwein
Salz
Tabascosauce
Cayennepfeffer

Für die Omeletts:
4 Eier
Salz
20 g Butter

Für die Sauce Zwiebeln und Knoblauch schälen und fein hacken, in heißem Olivenöl hellgelb dünsten. Paprikaschoten in dünne Streifen schneiden, mit der ebenfalls in Streifen geschnittenen Pfefferschote zu den Zwiebeln geben und 5 Minuten mitdünsten. Tomaten abziehen, würfeln und in den Topf geben, mit Paprika und Mehl bestäuben, 3 Minuten unter Rühren dünsten, mit Brühe ablöschen und 8 Minuten kochen. Von der Brennstelle nehmen, mit Salz, Tabasco und Cayennepfeffer würzen. Für je 1 Omelett 2 Eier mit etwas Salz verquirlen. Butter in der Pfanne erhitzen, Eimasse hineingeben und stocken lassen, das Omelett zusammenklappen und mit Sauce servieren.

Salate – frisch und pikant

Wir leben in einem Zeitalter der Salate. Die Ernährungswissenschaftler plädieren für regelmäßige Salatspeisen aus Frischgemüse und frischen Früchten, weil auf diese Weise die Versorgung des Körpers mit wichtigen Aufbaustoffen sichergestellt werden kann. Die Feinschmekker erfinden immer neue, raffinierte Kombinationen – es gibt kaum ein Nahrungsmittel, das sich nicht »versalaten« läßt. Das sollte Sie zu eigenen Entdeckungsreisen ermutigen!

In der schnellen Küche sind Salate besonders beliebt, weil sie keine langen Zubereitungszeiten erfordern. Fleisch-, Fisch-, Obst- und Gemüsekonserven erlauben die Salatbereitung im Handumdrehen. Während das Hauptgericht kocht oder brutzelt, kann man sich mit der Salatbereitung befassen. Von den folgenden Vorschlägen lassen sich alle Rezepte mit Zutaten aus der Dose, selbstverständlich auch mit frischem Obst, Gemüse usw. verwirklichen – nur dauert es dann doppelt oder dreifach so lange. Hier und da empfiehlt es sich, den Kochvorgang auf den Abend vorher zu verlegen.

Und noch ein Tip: Eine Reihe von Salaten gibt es fix und fertig zubereitet als Voll- oder Halbkonserve, beispielsweise Rote-Rüben-Salat, Paprikasalat mit Tomaten, Selleriesalat oder Ochsenmaulsalat.

Grüner Salat mit Abwandlungen

1–2 Köpfe Salat *Salatsauce*

Welke Blätter entfernen, die frischen Blätter vom Strunk lösen, nach Belieben teilen, waschen, trocken schleudern und mit einer der folgenden Salatsaucen anrichten:

Salatöl, Zitronensaft oder Essig, Salz, gehackte Kräuter;
saure Sahne, Zitronensaft, Salz, nach Belieben Zucker, gehackte Kräuter;
Mayonnaise, nach Belieben mit Sahne verrührt, gehackte Kräuter;
saure Sahne, Öl, Zitronensaft, Tomatenmark, Paprika, Salz oder Selleriesalz, nach Belieben gehackte Zwiebel;
saure Sahne, Zitronensaft, Salz, Zucker, Nußmus oder gemahlene Nüsse;
Öl, Essig, Tomatenketchup, Salz, Pfeffer, Zucker;
Joghurt, Öl, Zitronensaft, Salz, Pfeffer, gehackter Schnittlauch.

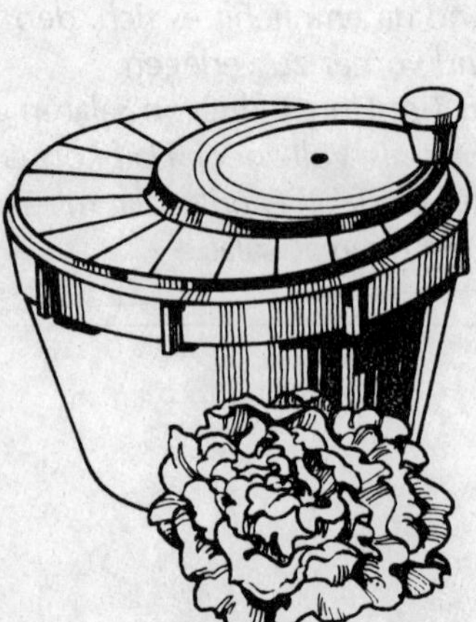

Chicorée-Käse-Salat

250 g Chicorée
65 g Edamer
½ Becher Joghurt
1 EL saure Sahne
etwas Zitronensaft

Chicorée putzen, bitteren Strunk herausschneiden. Die Kolben beliebig zerteilen und schneiden. Käse in Würfel schneiden. Joghurt mit Sahne und Zitronensaft verrühren und den Salat damit anmachen.

Tomatensalat

200–250 g Tomaten
Essig oder Zitronensaft
Öl
Salz, Pfeffer
½ gehackte oder feingeschnittene Zwiebel
gehackte Kräuter der Jahreszeit

Tomaten waschen, in Scheiben schneiden, mit Salatsauce aus Essig, Öl, Salz, Pfeffer und Zwiebel vermengen, gehackte Kräuter darüberstreuen.

Abwandlung: Streifchen von Paprikaschoten und (oder) dünne Scheiben von Salatgurken mit den Tomaten vermengen.

Sauerkrautsalat

Sauerkraut bei Bedarf etwas ausdrücken (bei Dosensauerkraut überflüssig) und beliebig schneiden oder auseinanderzupfen. Mit gehackten Zwiebeln, Öl, wenig Essig, Salz, Pfeffer und Senf anmachen und mit einem Schuß Sekt verfeinern.

Abwandlungen: saure Sahne, geriebene Äpfel, Zitronensaft und eine Prise Zucker verwenden oder Sauerkraut mit Mayonnaise und geriebenen Haselnüssen anmachen.

Paprikasalat

125 g Paprikaschoten
½ kleine Zwiebel
Salatsauce aus Essig, Öl, Salz und gehackten Kräutern der Jahreszeit

Paprikaschoten halbieren und sorgfältig entkernen, in feine Streifchen schneiden. Die Zwiebel fein hacken, zu den Schoten geben und beides mit Salatsauce vermengen. Nach Belieben die halbierten und entkernten Schoten vor dem Zerschneiden kurz mit heißem Wasser überbrühen und sofort abgießen.

20-Minuten-Rezepte

Nordischer Krautsalat

150 g Sauerkraut (Dose)
½ Tasse Blaukraut (Glas)
1 saurer Apfel
50 g Kasseler
½ Tasse geraspelte Rettiche
½ Tasse halbierte, entkernte Trauben
½ Becher Joghurt
2 EL saure Sahne
1 EL Öl
1 EL Wacholderschnaps
1 Prise Rosenpaprika
1 Prise Zucker
Salz, Pfeffer

Sauerkraut und Blaukraut grob schneiden, Apfel mit der Schale fein würfeln, Fleisch in feine Würfel schneiden, mit Rettichen und Trauben mischen. Joghurt und Sahne mit Öl, Wacholder und Gewürzen zu einer sämigen Marinade rühren und über die Salatzutaten gießen.

Fenchelsalat mit Orangen

2 Knollen Gemüsefenchel
1 Orange
1 EL Walnußkerne
Saft einer halben Zitrone
⅛ l saure Sahne
Salz
Zucker

Fenchel putzen und in Streifen schneiden, das grüne Kraut an den Stengeln hacken und untermischen. Orange schälen, in Stückchen schneiden und mit den Nüssen zum Fenchel geben, alles gut vermengen und in einer Schüssel anrichten. Zitronensaft mit Sahne, Salz und Zucker mischen und den Salat damit anmachen.

Palmherzensalat mit Schinken

1 kleine Dose Palmherzen
1 Kopf grüner Salat
100 g gekochter Schinken
1 Tomate
2 Scheiben Ananas
(frisch oder aus der Dose)
⅛ l Sahne
1 EL Kokosraspeln
Zitronensaft
Salz, Pfeffer

Palmherzen abtropfen lassen, Kopfsalat putzen und waschen, beides mischen. Schinken in Streifen, überbrühte und abgezogene Tomate in Achtel, Ananas in Würfel schneiden und zur Palmherzenmischung geben. Sahne mit den übrigen Zutaten zu einer Salatsauce vermengen und abschmecken. Salat in einer Glasschüssel anrichten und mit Sauce überziehen.

Bulgarischer Chopska-Salat

2 Tomaten
1 kleine Salatgurke
1–2 Paprikaschoten
1 kleine Zwiebel
Essig
Öl
Pfeffer, Salz
80 g weißer Schafskäse

Tomaten überbrühen und abziehen, Gurke schälen, Paprikaschoten von Kernen und Scheidewänden befreien, alles in Würfel oder Streifchen schneiden und mit der feingeriebenen oder -gehackten Zwiebel mischen, mit Essig und Öl anmachen und mit Salz und Pfeffer würzen. Den Salat bergartig in einer Schüssel anrichten und grob geraffelten Käse darauf verteilen.

30-Minuten-Rezepte

Teufelssalat

1 Paprikaschote
2 Tomaten
1 Zwiebel
1 hartgekochtes Ei
1 Gewürzgurke
75 g garer Rinderbraten

Für die Marinade:
2 EL Tomatenketchup
3 EL Mayonnaise
1 EL Kräuteressig
Cayennepfeffer
Edelsüßpaprika
Zucker
Curry
Tabascosauce

Paprikaschote von Kernen und Scheidewänden befreien, erst in Ringe (s. Zeichnung), dann in Streifen schneiden. Tomaten überbrühen, abziehen und achteln. Zwiebel in dünne Streifen schneiden. Ei und Gurke in Scheiben schneiden. Braten in hauchdünne Scheiben schneiden. Alle Zutaten mischen. Für die Marinade Ketchup mit Mayonnaise und Essig verrüh-

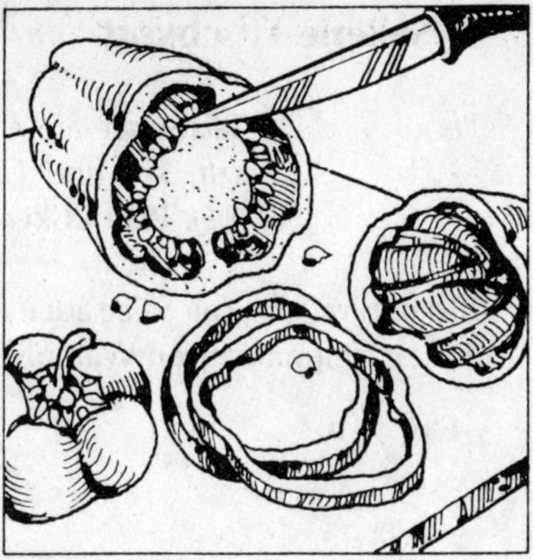

ren, mit den angegebenen Gewürzen abschmecken. Salat mit Marinade überziehen, vor dem Servieren 30 Minuten im Kühlschrank durchziehen lassen.

Hansa-Salat

100 g Reis
Salatsauce aus Öl, Zitronensaft, Paprika und Salz
½ Grapefruit
1–2 Tomaten

Reis körnig kochen, abschrecken und auskühlen lassen (oder Rest verwenden), dann mit der aus den angegebenen Zutaten verrührten Salatsauce vermengen. Grapefruitfleisch auslösen und fein würfeln, Tomaten nach Belieben abziehen (zuvor in heißes Wasser tauchen) und ebenfalls in feine Würfel schneiden, mit dem Reis mischen. Den Salat mit Paprika und Salz abschmecken und zu Toast und Butter reichen.

Sellerie-Frischkost

1 mittelgroße Sellerie-knolle
Salatsauce aus Öl, Zitronen-saft, Salz und 1 Prise Zucker
1 EL Walnußkerne

Sellerie schälen und fein raffeln, mit Salatsauce anmachen, 15 Minuten ziehen lassen, mit halbierten Walnußkernen belegt anrichten.

Gekochte Gemüsesalate

10-Minuten-Rezepte

Kartoffelsalat

350 g Pellkartoffeln
½ Zwiebel
Salatsauce aus Essig, Öl, Salz und Pfeffer

Kartoffeln abpellen, in dünne Scheiben schneiden, Zwiebeln fein würfeln, hacken oder reiben und mit Salatsauce anmachen.

Abwandlung: Statt der vorgesehenen Salatsauce sahneverdünnte oder mit Quark und etwas Dosenmilch verrührte Mayonnaise verwenden.

Spargelsalat

½ Dose Brechspargel
1 Eigelb
Salz
2 EL Öl
Zitronensaft
Spargelwasser
etwas Zucker

Spargel auf dem Sieb abtropfen lassen, die übrigen Zutaten miteinander verrühren. Den Spargel in die Marinade geben und gut durchziehen lassen. In einer mit grünen Salatblättern ausgelegten Glasschüssel anrichten, nach Belieben mit gehackter Petersilie, Tomatenscheiben oder blättrig geschnittenen Radieschen garnieren.

Feiner Gemüsesalat

Je 1 Tasse Brechbohnen,	*65 g Mayonnaise*
junge Erbsen, geschnittene	*2 EL Dosenmilch*
Karotten und Blumenkohl	*Essig oder Zitrone*
aus der Dose (oder in leicht	*Zucker*
gesalzenem Wasser gegart)	*Salz*

Gemüse gut abtropfen lassen. Mayonnaise mit den Marinadezutaten vermischen, vorsichtig unter das Gemüse heben, gut durchziehen lassen. Den Salat auf grünen Salatblättern anrichten.

Bohnensalat mit Sahnesauce

½ Dose Wachsbrechbohnen	*gehackte Petersilie*
1 kleine Zwiebel	*2 EL saure Sahne*
Essig	*einige Tomatenscheiben*
Öl	*und Zwiebelringe*
Salz, Pfeffer	

Bohnen abtropfen lassen und beliebig teilen. Aus feingewiegter Zwiebel, Essig, Öl, Salz, Pfeffer und Petersilie eine Sauce anrühren, mit Sahne verfeinern und die Bohnen damit anmachen. Mit Tomatenscheiben und Zwiebelringen garniert servieren.

Eiersalat

2–3 Eier
1 Kopf Salat
2 Tomaten
Öl
Essig
Salz, Pfeffer
nach Belieben Knoblauch, Schnittlauch, Chilisauce

Eier 10 Minuten kochen, abschrecken, schälen und mit dem Eierschneider in Scheiben schneiden. Salat waschen und fein schneiden, Tomaten in Achtel schneiden. 2 Teile Öl mit 1 Teil Essig verrühren und mit Salz und Pfeffer abschmecken, die Sauce nach Belieben mit Knoblauchsaft, Schnittlauch und Chilisauce pikanter machen. Eierscheiben, Salat und Tomaten vorsichtig mit der Salatsauce vermischen.

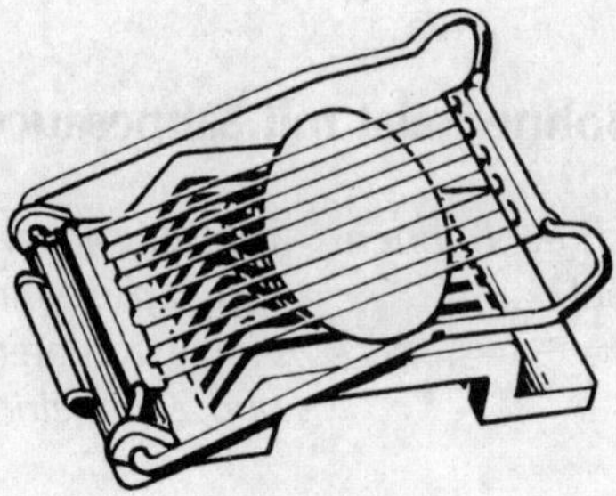

Champignonsalat

150 g Champignons (Dose)
Zitronensaft
½ kleine Salatgurke
1 hartgekochtes Ei
65 g Mortadella
2 EL Mayonnaise
1 Becher Joghurt
1 EL Tomatenmark
1 kleine Zwiebel
Salz, Pfeffer
Petersilie

Champignons in Scheiben schneiden, mit etwas Zitronensaft beträufeln. Gurke und Ei in Scheiben, Wurst in Streifchen schneiden, alles mit den Pilzen mischen. Aus Mayonnaise, Joghurt, Tomatenmark, geriebener Zwiebel, Salz, Pfeffer und Zitronensaft Sauce rühren, abschmecken und über den Salat gießen. Mit Petersiliensträußchen garnieren.

Herbstlicher Gemüsesalat

75 g Mischgemüse (Erbsen und Karotten aus der Dose)
100 g gegarter Blumenkohl
75 g Schwarzwurzeln (Dose)
30 g Pfifferlinge
etwas Butter
½ Becher Joghurt
je ¼ Bund Petersilie und Schnittlauch
1 EL saure Sahne
1 EL Zitronensaft
1 EL Öl
1 TL süßer Senf
1 Prise Zucker
Salz, Pfeffer

Mischgemüse abtropfen lassen, Blumenkohl in Röschen zerteilen, Schwarzwurzeln in Stückchen schneiden, alles vermischen. Pfifferlinge schneiden und in Butter andünsten. Pilze abkühlen lassen und mit dem Joghurt mischen. Übrige Zutaten (Petersilie und Schnittlauch feingehackt) zu einer Salatsauce mischen und über das Gemüse geben.

10-Minuten-Rezept

Norwegischer Heringsalat

3–4 gewässerte Heringsfilets
⅓ Dose grüne Bohnen
1 kleine Zwiebel
2 TL Öl
Saucenwürze
Essig
Pfeffer
gehackte Kräuter
1 Tomate

Heringsfilets und Bohnen in Streifchen schneiden, Zwiebelwürfel dazugeben, mit Öl vermengen, mit Saucenwürze, Essig und Pfeffer würzen, in einer Schüssel anrichten, mit gehackten Kräutern bestreut servieren; Tomatenachtel als Garnitur verwenden.

Krebssalat

1 kleine Dose Krebsfleisch
1 kleine Dose Champignons
Salatsauce aus Champignonsaft, Zitronensaft, Öl, Salz,
1 Prise Zucker

Krebsfleisch von Schalenresten befreien, abtropfen, mit den feingeschnittenen Champignons vermischen und mit der gut verrührten Salatsauce vermengen. Mit Eischeiben und Mayonnaise auf Salatblättern anrichten. Dazu Toast und Butter.

Dänischer Fischsalat

1 Dose Ölsardinen
Zitronensaft
1–2 EL saure Sahne
Salz
½ Apfel
1 Senfgurke
1 gedünstete Karotte
einige Zitronenscheiben

Abgetropfte Sardinen der Länge nach teilen, Hauptgräte herausziehen, die Hälften mit Zitronensaft beträufeln, mit Sahne begießen, leicht salzen und etwas ziehen lassen. Apfel fein hacken oder raffeln, mit der feingehackten Senfgurke und der in Scheiben geschnittenen Karotte vermengen und vorsichtig mit den marinierten Sardinen mischen. Nach Belieben nachsalzen. Mit Zitronenscheiben garniert anrichten.

Krabbensalat

1 kleine Dose Krabben
1 Apfel
50 g Mayonnaise
1 EL Dosenmilch
1 TL Tomatenmark
Salz
Zucker
Paprika
Curry
Zitronensaft
gehackte Petersilie

Krabben wässern und abtropfen lassen, Apfel schälen, in dünne Scheiben schneiden oder würfeln, mit den Krabben vermengen. Die übrigen Zutaten zu einer pikant abgeschmeckten Salatsauce verarbeiten, über Krabben und Apfelscheiben gießen, mit Petersilie bestreuen.

Kieler Salat

125 g Makkaroni
200 g Räucherfisch (z. B. Rotbarsch)
1 gekochte Mohrrübe (Rest)
1 Gewürzgurke
1 Schalotte
Essig
Salz, Pfeffer
Streuwürze
125 g Mayonnaise

Makkaroni in leicht gesalzenem Wasser garen, abschrecken, abtropfen lassen und in 2 cm lange Stücke schneiden. Räucherfisch häuten, entgräten und in Stückchen zerpflücken. Mohrrübe und Gurke in Scheiben schneiden. Zutaten locker miteinander vermischen, mit geriebener Schalotte, Essig, Salz, Pfeffer und Streuwürze pikant abschmecken. Mayonnaise unterheben oder gesondert reichen. Mit knusprigen Brötchen und einem kühlen Bier zu Tisch geben.

Thunfischsalat

150 g Thunfisch (Dose)
1 EL gare Zuckererbsen
1 kleiner saurer Apfel
1 hartgekochtes Ei
2 TL feingehackte Perlzwiebeln
2 EL in Scheiben geschnittene Oliven
½ Becher Joghurt
1 EL saure Sahne
2 TL Tomatenketchup
1 Spritzer Zitronensaft
etwas Salz und Pfeffer

Thunfisch abtropfen lassen, vorsichtig zerpflücken, mit Erbsen, gewürfeltem ungeschältem Apfel, gehacktem Ei, Perlzwiebeln und Oliven mischen. Übrige Zutaten zu einer Salatsauce vermengen und über den Salat geben, etwas ziehen lassen.

Fleischsalat

Je 80 g gekochter Schinken und Mortadella
1 hartgekochtes Ei
1 kleine Gewürzgurke
½ Apfel
Salatsauce aus 65 g Mayonnaise, 3–4 EL Brühe oder Wasser, Zitronensaft, Salz, 1 Prise Zucker
nach Belieben 1–2 TL gehackte Kapern

Schinken und Wurst feinwürflig oder -streifig schneiden. Ei und Gurke hacken, Apfel ebenfalls feinwürflig schneiden. Aus den übrigen Zutaten eine Salatsauce rühren und mit den Salatzutaten vermengen. Mit Tomatenscheiben und Petersilie garniert anrichten. Dazu Toast und Butter.

Geflügelsalat

200 g Geflügelfleisch
(Dose oder Rest)
1 kleine Dose Champignons
1 kleine Dose Spargelabschnitte
knapp 1 Tasse Dosenerbsen
1 feingeschnittener Apfel

Salatsauce aus:
50 g Mayonnaise
Saft je einer halben Zitrone und Apfelsine
Salz
1 Prise Zucker

Geflügelfleisch in Würfel und Champignons in feine Scheiben schneiden, mit Spargelabschnitten, Erbsen und Apfel vermischen und die sorgfältig verrührte Salatsauce damit vermengen. Nach Belieben mit Orangenscheiben oder Mandarinenspalten, Mayonnaisetupfen und Petersiliensträußchen verzieren. Dazu Toast und Butter.

Antjes Wurstsalat

200 g Frischwurst
(2 verschiedene Sorten mit abweichender Geschmacksrichtung)
2–3 feste Tomaten
2 Delikateßgurken
65 g Mayonnaise
etwas Milch oder Wasser
Salz, Pfeffer
Essig
Streuwürze

Wurst enthäuten, in feine Streifchen schneiden. Tomaten in Achtel schneiden, Gurken fein würfeln. Mayonnaise mit etwas Milch oder Wasser verdünnen, mit Salz, Pfeffer und Essig abschmecken, vorsichtig mit den Salatzutaten vermengen, mit Streuwürze nachwürzen. Dazu Weißbrot mit Butter oder Toast.

Bratensalat

2 Heringsfilets
125 g Bratenfleisch
50 g Schinken
1 kleiner Apfel
100 g gedünstete Rote Bete
1 kleine Zwiebel
½ Beutel Mayonnaise
etwas Tomatenketchup
1 TL Kapern
gehackter Dill
2 hartgekochte Eier
1 kleine Gewürzgurke

Salatzutaten in Streifchen oder Würfel schneiden. Aus Mayonnaise, Ketchup, Kapern und Dill eine Salatsauce rühren, den Salat damit anmachen und mit Eivierteln und Gurkenscheiben garnieren.

Hähnchensalat Mombasa

½ gebratenes Hähnchen
100 g Selleriescheiben (Dose)
2 Scheiben Ananas (Dose)
1 Banane
1 EL gehackte Kräuter
3 EL süße Sahne
Salz, Pfeffer
Zitronensaft

Hähnchen entbeinen, das Fleisch in mundgerechte Stücke schneiden. Sellerie, Ananas und Banane in Würfel bzw. Scheiben schneiden. Kräuter mit Sahne, Pfeffer, Salz und Zitronensaft mischen. Die Sauce über den Salat gießen, alles vorsichtig mischen und kühl servieren.

10-Minuten-Rezepte

Pußta-Salat

Einige grüne Salatblätter
je 1 Apfelsine, Banane und Paprikaschote
Salatsauce aus süßer Sahne, Zitronensaft, Öl, Salz und Pfeffer

Portionsteller mit grünen Salatblättern auslegen. Darauf abwechselnd Apfelsinen- und Bananenscheiben und gestiftelte Paprikaschoten (roh oder kurz überbrüht) legen. Mit Salatsauce überziehen oder die Sauce getrennt reichen.

Hawaiisalat

½ Dose Obstsalat
Zitronensaft
1–2 EL Weinbrand
½ Dose Ananasscheiben
gehackte Mandeln
einige Kirschen aus der Dose

Obstsalat mit Zitronensaft und Weinbrand abschmecken. Ananasscheiben auf eine Platte legen, mit Obstsalathäufchen besetzen und mit gehackten Mandeln und Kirschen garnieren. Gut gekühlt servieren. Bei Zeitmangel die Dosen vorkühlen.

Avocadosalat mit Oliven

1 hartgekochtes Ei
1 Avocado
125 g Tomaten
einige Salatblätter
1 EL schwarze Oliven
1 EL Zitronensaft
2 EL Öl
Salz, Pfeffer
1 EL gehackte Zwiebel

Das Ei pellen und achteln. Avocado halbieren, den Kern entfernen, Schale wegschneiden und das Fruchtfleisch in dünne Scheiben schneiden. Tomaten in Scheiben schneiden. Gewaschene Salatblätter auf Teller legen, die Salatzutaten mit den Oliven darauf anrichten. Zitronensaft und alle übrigen Saucenzutaten mischen, abschmecken und über den Salat gießen.

Gemischter Obstsalat

Früchte der Jahreszeit in Streifen, Stückchen oder Scheiben schneiden, leicht zuckern, mit Zitronensaft beträufeln, ziehen lassen und kühl servieren. Nach Belieben mit gehackten Hasel- oder Walnüssen und einem Schuß Maraschino, Rum, Kirschwasser oder Weinbrand verfeinern. Geeignete Früchte sind u. a.: Mandarinen, Apfelsinen, Bananen, Äpfel, Birnen, Weintrauben, Mirabellen, Kirschen und Aprikosen. (Schneller geht es, wenn man Dosenobst zu diesem Salat verwendet.)

Fleisch – gebraten und geschmort

Die Fleischzubereitung setzt dem Bemühen um eine zeitsparende Küche ernste Widerstände entgegen. Ein ausgewachsener Braten braucht nun einmal seine anderthalb bis zwei Stunden oder mehr, und im kleinen Haushalt lohnt es sich meist sowieso nicht, ein größeres Stück Fleisch in den Ofen zu schieben. Nicht viel anders ist es mit dem Kochfleisch. Also bleibt nichts anderes übrig als herber Verzicht auf »richtiges Fleisch« und weise Beschränkung auf Hackfleisch und Würstchen? Nein, dem ist keinesfalls so, obwohl gegen Hackfleisch und Würstchen im Prinzip gar nichts einzuwenden ist. Es gibt eine ganze Menge ausgewachsener Fleischgerichte, die sich auch für den kleinen Haushalt lohnen und dazu auch noch zeitsparend zubereitet werden können – vom Filetsteak bis zum Geschnetzelten.
Überdies gibt es den Schnellkochtopf. Er verkürzt die herkömmlichen Zubereitungszeiten so erheblich, daß praktisch jedes beliebige Fleischgericht, bis hin zum massiven Braten, innerhalb von 20 bis 40 Minuten verwirklicht werden kann.

Filetsteaks

2 Filetsteaks (150–200 g)
2 EL Öl
Salz
schwarzer Pfeffer
20 g Butter

Steaks vorsichtig zusammenschieben, in der Pfanne in heißem Öl von beiden Seiten je 30 Sekunden bei starker Hitze anbraten, dann nach Wunsch weiterbraten:
1½ Minuten je Seite (bleu, underdone, raw, blutig): außen dünne braune Kruste, innen blutig-roh;
3 Minuten je Seite (saignant, rosa, englisch): durchgebratene Schicht auf jeder Seite etwa 1 cm dick;
4 Minuten je Seite (à point, medium done, mittel): nur noch schmaler »roher« Mittelstreifen;
5 Minuten je Seite (bien cuit, well done, durchgebraten): das Steak ist »ganz durch«, der Mittelstreifen verschwunden.
Steaks nach Fertigstellung salzen und pfeffern, je ein Stückchen Butter darauf zergehen lassen.

Pfeffersteaks Bombay

2 Filetsteaks
1 EL Olivenöl
Salz
2 EL grüner Pfeffer
⅛ l Sahne

Steaks mit Olivenöl einreiben, in heißem Öl beiderseits 3 Minuten kräftig anbraten, dann salzen. Pfeffer von beiden Seiten auf die Steaks drücken. Bratensatz mit Sahne mischen, kräftig durchkochen und die Sauce über die angerichteten Steaks gießen.

Wiener Schnitzel

2 Kalbsschnitzel
Salz, Pfeffer
Mehl
1 Ei
Semmelmehl
Bratfett
Zitronenachtel

Schnitzel waschen und vorsichtig klopfen, salzen und pfeffern, zuerst in Mehl, dann in verklopftem Ei und zuletzt in Semmelmehl wenden, in der Pfanne in reichlich heißem Fett von beiden Seiten goldbraun backen; ohne Sauce anrichten und mit Zitronenachteln garnieren. Dazu Salzkartoffeln, beliebigen frischen Salat oder feine Gemüse reichen.

Bœuf Stroganoff

1 Zwiebel
20 g Butter
15 g Mehl
⅛ l Fleischbrühe
Senf
Salz
Zitronensaft
4 EL saure Sahne
50 g gedünstete Champignons
1 Gewürzgurke
250 g Rinderfilet
20 g Butter

Zwiebel grob hacken, in Butter goldgelb dünsten, mit Mehl bestäuben, Brühe angießen, die Sauce 15 Minuten durchkochen, mit Senf, Salz und Zitronensaft abschmecken und die Sahne hineinrühren. Geschnittene Pilze und Gurke in der Sauce aufkochen.
Fleisch in Streifchen schneiden und bei kräftiger Hitze in der Pfanne in heißer Butter 3 bis 4 Minuten braten; es muß innen rosa bleiben. Ausgebratenen Fleischsaft und Fleisch in die Sauce geben und kurz durchschwenken, aber nicht mehr kochen.

Paprikaschnitzel

2 Kalbsschnitzel
Salz
1 kleine Zwiebel
Bratfett
Paprika
saure Sahne
nach Belieben etwas Mehl

Schnitzel waschen und vorsichtig klopfen, leicht salzen. Zwiebel in Scheiben oder Würfel schneiden, in heißem Fett goldgelb braten, mit Paprika bestreuen, die Schnitzel dazugeben und zugedeckt bei mäßiger Hitze gar braten, zwischendurch wenden. Die fertigen Schnitzel mit Sahne begießen, den Bratensatz damit verrühren, nach Belieben leicht mit Mehl binden, abschmecken. Zu Kartoffelbrei, Teigwaren oder Reis reichen. Außerdem passen Tomaten-, Paprika- oder grüner Salat gut dazu.

Hirschsteaks mit Käsedach

2 tiefgefrorene Hirschsteaks (je 125 g)
Pfeffer
Knoblauchsalz
Butter zum Braten
60 g Pfifferlinge (Dose)
etwas Petersilie
2 Scheiben mittelalter Holland-Gouda

Die angetauten Steaks beiderseits mit Pfeffer und Knoblauchsalz einreiben, in der Pfanne in heißer Butter von beiden Seiten 8 bis 10 Minuten braten, auf eine vorgewärmte Platte geben. Im Bratensatz die Pilze erhitzen, mit gehackter Petersilie mischen, die Pilze auf den Steaks verteilen und mit Käsescheiben zudecken. Steaks nochmals in die Pfanne geben, zugedeckt 2 bis 3 Minuten bei schwacher Hitze ziehen lassen, bis der Käse zu schmelzen beginnt.

Hammelkoteletts

2–4 Hammelkoteletts
Salz, Pfeffer
Bratfett
Zitronensaft
Tabascosauce
1 kleine Zwiebel

Koteletts von überschüssigem Fett befreien, waschen, klopfen, mit Salz und Pfeffer einreiben und in heißem Fett in der Pfanne von beiden Seiten hellbraun braten. Die Koteletts auf eine vorgewärmte Platte legen, mit Zitronensaft und (sparsam) mit Tabascosauce beträufeln. Im heißen Fett die gewürfelte Zwiebel bräunen und über die Koteletts geben. Dazu passen Prinzeßbohnen (aus der Dose, mit etwas Butter verfeinert), grüner Salat oder Tomatensalat.

Geschnetzeltes Kalbfleisch

250 g Kalbfleisch
Bratfett
10 g Mehl
⅛ l Würfelbrühe
Salz
Streuwürze
gehackte Petersilie

Fleisch von Haut und Sehnen befreien, in dünne Scheiben oder Streifen schneiden, in heißem Fett anbräunen, nach 3 bis 4 Minuten mit Mehl bestäuben, 1 Minute weiterrösten, die Brühe angießen und gut durchkochen. Mit Salz und Streuwürze abschmecken, vom Feuer nehmen, mit Petersilie bestreuen und zu Spätzle, Reis, Bandnudeln oder Kartoffelbrei reichen. Dazu paßt grüner Salat oder Tomatensalat.

Minutenfleisch

250 g Kalbslende
Salz
Butter
30 g Mehl
2 TL Tomatenmark
4 EL saure Sahne
Zitronensaft
Suppenwürze

Fleisch in kleine Würfel schneiden, salzen, in heißer Butter in der Pfanne braun anbraten. Mit Mehl bestäuben, gut durchrühren. Tomatenmark mit Sahne verrühren, mit dem Fleisch vermengen, kurz durchschmoren, mit Zitronensaft und Suppenwürze abschmecken. Zu körnig gekochtem Reis, Teigwaren oder auch Toast reichen. Dazu paßt jeder beliebige frische Salat.

Cordon bleu

2 Kalbsschnitzel
Salz
weißer Pfeffer
2 Scheiben gekochter Schinken
2 Scheiben Schweizer Käse

Zum Panieren:
1 EL Mehl
1 Ei
gut 1 EL Semmelmehl
20 g Fett zum Braten
½ Zitrone und Salatblätter zum Garnieren

In die Kalbsschnitzel an der Längsseite Taschen einschneiden (oder vom Metzger einschneiden lassen). Die Schnitzel salzen und pfeffern. In die Taschen je eine Schinken- und Käsescheibe hineinschieben. Schnitzel mit Holzspießchen zusammenstecken. Zuerst in Mehl, dann in verquirltem Ei und Semmelmehl wenden. In der Pfanne in heißem Fett von jeder Seite 6 bis 8 Minuten braten. Auf vorgewärmter Platte mit Zitronenachteln und Salatblättern garniert anrichten.

Schweinefilet mit Champignons

250 g Schweinefilet
1 EL Öl
Salz
Edelsüßpaprika
250 g Champignons
1–2 Paprikaschoten
1 kleine Zwiebel
4 EL Fleischbrühe
½ Becher Joghurt
etwas frischer Dill

Filet in dünne Streifen schneiden, in heißem Öl bräunen und garen, mit Salz und Paprika würzen, aus der Pfanne nehmen und warm stellen. Champignons putzen und vierteln, Paprikaschoten in feine Streifen, die Zwiebel in Würfel schneiden. Alles im Bratfett andünsten, dann Brühe zugeben und das Gemüse 10 Minuten köcheln lassen. Fleisch hineingeben und Joghurt dazurühren. Nachwürzen und mit Dill bestreut servieren.

Irish Stew aus dem Schnellkochtopf

375 g Hammelfleisch (Schulter, Hals)
2 Zwiebeln
1 Mohrrübe
1 Stange Porree
300 g Weißkraut
200 g Kartoffeln
40 g Räucherspeck
Pfeffer, Salz
1 Lorbeerblatt
1 TL Kümmel
1 Tasse Fleischbrühe
gehackte Petersilie

Hammelfleisch von Sehnen und Fett befreien, in Gulaschwürfel schneiden. Zwiebeln in Scheiben, Mohrrübe, Porree und Weißkraut in Streifen, Kartoffeln in Würfel schneiden. Speck würfeln und anbraten, alles mit den Gewürzen in den Schnellkochtopf geben, Brühe angießen und den Topf schließen. Nach der Ankochzeit das Stew in 15 Minuten garen. Topf nach Vorschrift öffnen, das Stew in eine Schüssel füllen und mit Petersilie bestreut anrichten.

40-Minuten-Rezepte

Filetbraten aus dem Schnellkochtopf

500 g Rinderfilet	*¼ l Fleischbrühe*
50 g Räucherspeck	*2 Zwiebeln*
40 g Butter	*10 g Speisestärke*
Salz, Pfeffer	*2 EL saure Sahne*

Filet vorbereiten, waschen, abtrocknen und mit Streifen von Räucherspeck möglichst tief spicken, im Schnellkochtopf in sehr heißem Fett von allen Seiten rasch anbraten, dann salzen und pfeffern. Brühe angießen, das Fleisch mit Zwiebelscheiben bedecken. Den Topf schließen, nach der Ankochzeit das Fleisch in 20 bis 25 Minuten garen. Die Sauce mit Speisestärke binden und mit Sahne verfeinern.

China-Filet im Bratbeutel

400 g Schweinefilet
Salz, Pfeffer
250 g Bambussprossen (Dose)
1 Karotte
75 g Sellerie
½ Tasse grüne Erbsen
5 chinesische Pilze
1 Zwiebel
1 Knoblauchzehe
1 Stückchen frischer Ingwer
1 EL Sojasauce
2 EL Öl

Fleisch in Scheiben und diese in feine Streifen schneiden, salzen und pfeffern. Gemüse in Streifen oder Würfel schneiden, die Pilze 15 Minuten einweichen. Zwiebel, Knoblauch und Ingwer hacken. Alles miteinander mischen und in den Bratbeutel füllen, Sojasauce, Öl und ½ Tasse Wasser dazugeben. Den Bratbeutel an der Oberseite einmal mit der Gabel einstechen, auf den Rost legen und in den Backofen schieben. 15 Minuten bei 220° C angaren, dann weitere 15 Minuten bei 180° C fertiggaren. Mit Reis zu Tisch geben.

Kalbsgulasch im Bratbeutel

500 g Kalbfleisch in Gulaschwürfeln
Salz, Pfeffer
Edelsüßpaprika
500 g Zwiebeln
1 TL Senf
2 TL Tomatenmark
¼ Tasse saure Sahne
1 TL Mehl

Fleisch mit Salz, Pfeffer und Paprika würzen. Zwiebeln schälen und hacken. Beides abwechselnd in den Bratbeutel legen, an der Oberseite mit der Gabel einstechen. Den Bratbeutel auf den Rost geben und in den Backofen schieben. 20 Minuten bei 220° C vorgaren, dann nochmals 20 Minuten bei 180° C fertiggaren. Beutel öffnen, Fleischsaft in einen Topf geben, mit Senf, Tomatenmark und Sahne verfeinern, mit Mehl binden. Fleisch in die Sauce geben und nochmals mit Paprika und Salz abschmecken.

60-Minuten-Rezepte

Kalbsvögel im Nest

2 dünne Scheiben Kalbfleisch (ca. 250 g)
40 g Räucherspeck in dünnen Scheiben
2 hartgekochte Eier
Mehl
Butter
¼ l Fleischbrühe
Kartoffelbrei aus ½ Paket Kartoffelpüreemehl
⅛ l saure Sahne
Salz, Pfeffer
Streuwürze

Fleischscheiben flach klopfen, mit Speck belegen, in jede ein Ei einwickeln, mit Hölzchen oder Fäden zusammenhalten, in Mehl wenden und in heißer Butter bräunen. Brühe angießen, die Rollen gar schmoren. Unterdessen nach Vorschrift Kartoffelbrei bereiten, in eine gefettete Form füllen, etwas zurückbehaltenen Brei als Rand darauf spritzen, mit Butter beträufeln und im Ofen oder unter dem Grill leicht bräunen. Die fertigen Kalbsvögel quer halbieren und in das Kartoffelnest setzen. Bratensatz im Schmortopf auffüllen. Knapp 1 Eßlöffel Mehl mit Sahne verquirlen, die Sauce damit binden, gut durchkochen, mit Salz, Pfeffer und Streuwürze abschmecken. Kalbsvögel mit der Sauce und Salat reichen.

Kalbsfrikassee

250 g Kalbfleisch
1 Nelke
1 Lorbeerblatt
Suppengrün
etwas Salz
20 g Butter
20 g Mehl
1 TL Kapern
1 EL Weißwein
nach Belieben Champignons
Erbsen
Mohrrübenscheiben und
Spargelstücke (Dosenware)
1 Eigelb

Kalbfleisch würflig schneiden, mit Gewürzen und Suppengrün in leicht gesalzenes kochendes Wasser geben, das Fleisch bei mittlerer Hitze in etwa 25 bis 30 Minuten garen, die Brühe angießen und kalt werden lassen, gut ¼ l davon abmessen. Aus Butter und Mehl eine helle Einbrenne herstellen, mit der Brühe auffüllen, 10 Minuten durchkochen, das Fleisch wieder hineingeben, Kapern und Weißwein hinzufügen, nach Belieben geschnittene Champignons, zarte Erbsen, Mohrrübenscheiben und Spargelstückchen in der Sauce erhitzen, den Topf vom Feuer nehmen und das Frikassee mit verquirltem Eigelb abziehen. Mit Reis oder im Reisrand anrichten.

20-Minuten-Rezepte

Frikadellen

200 g Hackfleisch (gemischt)
1 altbackene Semmel
½ kleine Zwiebel
1 Ei
Salz, Pfeffer
Bratfett

Fleisch mit der vorher eingeweichten und gut ausgedrückten Semmel, der feingehackten Zwiebel, dem Ei und den Gewürzen verkneten, flache Bratlinge formen und in heißem Fett in der Pfanne auf beiden Seiten bräunen. Wenn Sauce dazu gewünscht wird, Bratensatz mit etwas Wasser oder Brühe loskochen, mit Mehl oder Speisestärke binden, mit Salz, Pfeffer und Tomatenmark abschmecken. Frikadellen zu Bratkartoffeln, Kartoffelbrei (mit dazu passendem Salat) oder auf einer Scheibe Weißbrot reichen. Reste kalt als Brotbelag verwenden, nach Belieben gleich eine etwas größere Menge auf Vorrat braten.

Schweinswürstchen pikant

Pro Person 2 bis 4 Schweinswürstchen braten und mit pikanten Beigaben reichen: Mayonnaise mit feingeschnittenen Paprikaschoten und gehackten Kräutern; Würfelchen von Sellerie, Zwiebel, Gewürzgurke und Tomate; Scheibchen von gefüllten Oliven; Tomatenketchup, mit Silberzwiebeln garniert. Dazu knusprige Brötchen, Senf und Meerrettich reichen.

Fleischklößchen in Currysauce

200–250 g Hackfleisch
1 altbackene Semmel
1 Ei
Salz
Muskatnuß
Petersilie
1 Paket Currysauce

Hackfleisch mit der vorher eingeweichten, gut ausgedrückten Semmel, Ei, Salz, geriebener Muskatnuß und gehackter Petersilie zu festem Fleischteig verarbeiten, bei Bedarf etwas Semmelmehl zugeben. Mit angefeuchteten Händen Klößchen formen. Currysauce nach Anweisung (etwas weniger Wasser verwenden!) zubereiten, die Klößchen hineinlegen, kurz aufkochen und gar ziehen lassen. Nach Belieben mit etwas Sahne verfeinern. Dazu passen Reis und frischer Salat.

Serbische Fleischwürstchen
(Cevapcici)

Je 125 g Rinder- und Schweinehackfleisch
1 Ei
Salz, Pfeffer
Paprika
etwas geriebener Knoblauch
Tabascosauce
bei Bedarf etwas Semmelmehl
Öl zum Braten

Hackfleisch mit Ei verkneten, den Fleischteig mit Salz, Pfeffer, Paprika, Knoblauch und Tabascosauce pikant abschmecken. Wenn der Teig zu weich ausfällt, etwas Semmelmehl hineinkneten. Kleine Würstchen formen, mit Öl bestreichen, im Ofen oder Grill bei kräftiger Hitze von allen Seiten bräunen. Mit gehackten Zwiebeln, Tomatenketchup und Weißbrot oder Krautsalat reichen.

Feinschmecker-Hacksteak

200 g Hackfleisch
½ Semmel
1 Ei
1 Sardelle
Salz, Pfeffer
Edelsüßpaprika
½ TL Kapern
½ EL gehackte Petersilie
2 TL Tomatenmark
1 Zwiebel
½ TL Senf
etwas abgeriebene Zitronenschale
2 EL Semmelmehl
Bratfett
2 Eier

Hackfleisch mit eingeweichter und ausgedrückter Semmel, Ei, Sardellenfilet und allen Gewürzen vermischen, 2 große Frikadellen daraus formen, in Semmelmehl wenden und in heißem Fett von beiden Seiten braten, auf vorgewärmte Teller legen. Spiegeleier braten und auf den Hacksteaks anrichten.

Bratwurst in Bier

2 Bratwürste
Bratfett
¼ l Bier (nach Belieben mit Wasser verdünnt)
1 TL Speisestärke
Salz
1 Prise Zucker
Zitronensaft

Bratwürste kurz in kochendes Wasser tauchen, in heißem Fett von allen Seiten goldbraun braten. Würstchen aus der Pfanne nehmen, das Bratfett mit Bier löschen, den Fond mit kalt angerührter Speisestärke binden, mit Salz, Zucker und Zitronensaft abschmecken. Bratwürste 5 bis 7 Minuten in der Sauce ziehen lassen. Dazu Kartoffelbrei (bei Zeitmangel aus Kartoffelpüreemehl hergestellt) und Rotkohl aus der Dose reichen. Ein Glas Bier paßt gut zu diesem Gericht aus der Berliner Küche.

Hamburger mit Pfiff

250 g gut gewürztes Rinderhackfleisch
Bratfett
Belag wahlweise:
Pfirsichschnitze und frischgemahlener Pfeffer
Ananasscheibe und Chilisauce
knusprig gebratener Frühstücksspeck
Mixed Pickles

Gewürztes Hackfleisch teilen, zwei Steaks formen, Ober- und Unterseite leicht mit dem Messer einkerben. Die Hamburger in heißem Fett von beiden Seiten knusprig braun braten, nach einem der Vorschläge belegen.

Cheeseburger

250 g Rinderhackfleisch
1 Zwiebel
1 EL Tomaten-Chutney
Salz, Pfeffer
Bratfett
1 große Semmel
Butter
Mayonnaise
Tomatenpaprika
Chester-Schmelzkäse

Hackfleisch mit feingeschnittener Zwiebel, Tomaten-Chutney, Salz und Pfeffer vermischen, 3 bis 6 Bällchen formen und bei mäßiger Hitze 6 bis 8 Minuten in Fett braten. Semmel der Länge nach halbieren, etwas aushöhlen, mit der Schnittseite in Butter anrösten. Innen mit Mayonnaise bestreichen und mit Tomatenpaprika belegen. Die gebratenen Bällchen daraufsetzen, mit halbierten Schmelzkäsescheiben bedecken und kurz im Ofen überbacken, bis der Käse schmilzt.

Würstchen im Schlafrock

1 Packung tiefgefrorener Blätterteig
10 Toast-Scheibletten
20 Cocktailwürstchen
1 Ei

Teig auftauen lassen, etwa 35×30 cm groß ausrollen, in 10 cm lange und 5 cm breite Streifen schneiden. Scheibletten halbieren. Je ein Cocktailwürstchen mit einer halben Scheiblette umwickeln, auf ein Teigstück legen und einrollen. Die Rollen auf ein nasses Backblech legen, mit verquirltem Ei bestreichen und im vorgeheizten Backofen bei 200° C 20 Minuten backen.

10-Minuten-Rezepte

Kalbshirn gebraten

1–2 Kalbshirne
Essig
Mehl
Butter zum Braten
Salz, Pfeffer

Das gut gewässerte Kalbshirn mit leichtem, heißem Essigwasser übergießen, die Haut abziehen und die Äderchen entfernen, in Scheiben schneiden, in Mehl wenden und in heißer Butter von beiden Seiten goldbraun braten, dann salzen und pfeffern. Zu Weißbrot oder Toast servieren, grünen Salat oder einen anderen frischen Salat dazu reichen.

Lebergulasch

1 große Zwiebel
Bratfett
250 g Rinder- oder Schweineleber
Mehl
⅜ l Brühe oder Wasser
1 TL Tomatenmark
Paprika
Zitronensaft
Majoran
Salz
saure Sahne oder Dosenmilch

Zwiebel würfelig schneiden, in Bratfett hellbraun braten, die in Würfel geschnittene Leber dazugeben und weiterbraten, bis sie grau ist. Mit Mehl bestäuben, Brühe oder Wasser aufgießen, 2 Minuten kochen lassen, mit Tomatenmark, Paprika, Zitronensaft, Majoran und Salz abschmecken und mit Sahne oder Dosenmilch verfeinern. Dazu paßt Reis oder Kartoffelbrei.

Kalbshirn mit Ei überbacken

200 g Kalbshirn
Zitronensaft
Salz, Pfeffer
etwas Butter
2 Eier

Kalbshirn säubern, mit kochendem Wasser überbrühen, abtropfen lassen und mit Küchenkrepp abtupfen, dann mit Zitronensaft beträufeln, salzen und pfeffern. Das Hirn auf zwei gebutterte Portionsförmchen verteilen, je ein Ei darüberschlagen. Im vorgeheizten Backofen bei 200° C 12 bis 15 Minuten backen.

Kalbsleber mit Oliven

300 g Kalbsleber
Zitronensaft
1 kleine Zwiebel
1 EL Butter
1 TL Mehl
8 paprikagefüllte Oliven
⅛ l Sahne
Salz, Pfeffer
Salbei

Leber vorbereiten, waschen, abtupfen und fein schnetzeln, mit Zitronensaft beträufeln. Zwiebel hacken und in heißer Butter andünsten, Leber dazugeben und anbraten. Mehl aufstäuben, in Scheiben geschnittene Oliven und Sahne dazugeben, mit Salz, Pfeffer und Salbei würzen.

Nieren mit Ingwersauce

250 g Nieren
1 Zwiebel
25 g Butter
25 g Mehl
¼ l Fleischbrühe
3 EL Rotwein
Salz, Pfeffer
Zucker
Ingwerpulver

Nieren halbieren, Röhren und Fett entfernen, in Streifen schneiden und 1 Stunde wässern, dann abgießen und mit Küchenkrepp trockentupfen. Die Nierenstreifen mit feingehackter Zwiebel in heißer Butter anbraten, Mehl darüberstäuben, gut durchrühren, Brühe angießen und 5 Minuten bei schwacher Hitze schmoren. Mit Rotwein und Gewürzen abschmecken.

Gefüllte Schweineleber

2 dicke Scheiben Leber
1 kleiner Apfel
1 kleine Zwiebel
1 Gewürzgurke
Salz, Pfeffer
Edelsüßpaprika
20 g Butter
½ Schachtel Bratensauce
1 EL saure Sahne
etwas Kresse

Vom Fleischer in die Leberscheiben Taschen einschneiden lassen. Apfel, Zwiebel und Gurke fein würfeln, mit Salz, Pfeffer und Paprika würzen und in etwas Butter dünsten. Die Masse in die Lebertaschen füllen, mit Holzspießchen verschließen und in der restlichen Butter anbraten. Bratensauce nach Vorschrift anrühren, über die Leber gießen, 10 Minuten schmoren lassen, die Sauce mit Sahne verfeinern. Mit Kresse garniert reichen.

Kalbsbries mit Pfifferlingen

1–2 Kalbsbrieschen
Salz
20 g Butter
etwas Fleischbrühe
75 g Pfifferlinge
10 g Mehl
gehackte Petersilie

Kalbsbries säubern, in mehrmals gewechseltem, leicht gesalzenem Wasser liegenlassen, bis kein Blut mehr austritt. Abtropfen lassen und trockentupfen, in Butter anbraten, wenig Fleischbrühe angießen, etwa 15 Minuten dünsten. Pfifferlinge fein schneiden, dazugeben, bei Bedarf nochmals Brühe angießen. Dünsten, bis Brieschen und Pilze gar sind, dann salzen und mit kalt angerührtem Mehl binden. Mit Petersilie bestreut anrichten. Dazu feine Gemüse und Kartoffelpüree reichen.

Nierenragout mit Weißwein

250 g Schweine- oder Rinderniere
20 g Butter
100 g Zwiebeln
2 TL Mehl
4 EL Weißwein
etwas feingewiegte Petersilie
etwas abgeriebene Zitronenschale
2 EL Zitronensaft
1 gestrichener TL körnige Würze

Niere gut waschen, Röhren und Fett wegschneiden, mehrmals wässern. Nierenfleisch in feine Scheiben schneiden, in heißer Butter mit den feingehackten Zwiebeln kräftig anbraten, dann mit Mehl bestäuben und 4 Eßlöffel Wasser dazugeben. Den Wein und alle übrigen Zutaten hinzufügen, das Ragout unter regelmäßigem Umrühren aufkochen und 5 Minuten bei schwacher Hitze ziehen lassen. Dazu passen Reis oder Nudeln und Blumenkohlgemüse.

Lebergeschnetzeltes auf Berner Art

65 g Reis
Salz
etwas körnige Würze
½ Würfel Bratensauce
etwas Rosmarin und Salbei
Salz, Pfeffer

250 g zarte Leber
1 Zwiebel
20 g Butter
50 g gare Champignons
1 Tomate
eingelegte Paprikaschoten

Reis in leicht gesalzenem Wasser mit Beigabe von körniger Würze garen, in zwei mit kaltem Wasser ausgespülte Tassen drücken, warm stellen. Bratensauce nach Vorschrift bereiten, mit Rosmarin, Salbei, Salz und Pfeffer würzen. Leber in feine Streifchen schneiden, mit der feingehackten Zwiebel in heißer Butter anbraten, dann die heiße Sauce angießen, zum Kochen bringen, die Champignons hinzufügen und von der Kochstelle nehmen, leicht pfeffern. Die Reisköpfchen auf Teller stürzen, mit Lebergeschnetzeltem umziehen, Tomatenachtel und Paprikastückchen als Garnitur verwenden.

Jung und zart: Geflügel

Jung und zart muß es sein, sonst bringt das Geflügel in der Schnellküche kein Glück. Steinalte Suppenhühner belasten den Zeit-Etat des Kleinhaushalts über Gebühr, deshalb wird man auf sie ebenso verzichten müssen wie auf gewichtige Gänse und Puten.
Das Hähnchen ist Trumpf; standardisiert und unter feststehender Handelsmarke angeboten, ist es für die Hausfrau ohne Zeit kein Risiko. Je jünger der Vogel, desto besser!
Mast- oder Brathähnchen im Alter von 8 bis 14 Wochen lassen sich am schnellsten zubereiten – fettarm im Grillgerät, deftiger im Bratofen, saftig und pikant in Verbindung mit gutgewürzten Saucen. Tiefgefrorenes Geflügel gibt es auch in Portionsstücken, die man am besten über Nacht auftauen läßt. Gewaltsame Schnellauftauversuche von ganzem Geflügel, etwa mit Hilfe von heißem Wasser, sind nicht empfehlenswert. Portionsgeflügel kann man antauen, bis sich die Teile voneinander trennen. Dann kann man den Brat- oder Schmorvorgang sofort beginnen.
Verschiedene Geflügelarten werden auch, von den Knochen befreit, in Dosen angeboten: Brüsseler Poularde mit Bratensauce, Masthuhnfleisch in Bouillon oder Huhn in Aspik, von den köstlichen Gänseleberpasteten oder der geräucherten Gänsebrust ganz zu schweigen.

Geflügelleber in Sahne

200 g Geflügelleber
½ Zwiebel
Butter
Salz
etwas Mehl
Würfelbrühe
gehackte Petersilie
2 El Sahne

Geflügelleber von Sehnen und Haut befreien, nach Belieben zerschneiden. Zwiebeln fein schneiden, in Butter goldgelb anbraten, Leber dazugeben, unter Umrühren anrösten, salzen, mit Mehl bestäuben, mit wenig Brühe auffüllen, gehackte Petersilie und Sahne dazugeben, nochmals abschmecken. Zu Kartoffelbrei und grünem Salat reichen.

Grillhähnchen mit Steinpilzen

1 fertig gegrilltes Hähnchen
Butter
½ Dose Steinpilze
1 kleine grüne Paprikaschote
Zitronensaft
Salz, Pfeffer
Fleischextrakt
Tomatenketchup
knapp ⅛ l saure Sahne

Das Hähnchen halbieren (oder gleich in der Grillstube halbieren lassen), leicht mit Butter bestreichen und im Backofen warm stellen. Steinpilze nach Belieben zerschneiden, leicht in Butter dünsten, in sehr dünne Streifen geschnittene Paprikaschote mitdünsten, die Mischung mit Zitronensaft beträufeln, salzen, pfeffern, mit Fleischextrakt und wenig Ketchup würzen und mit Sahne vermischen. Die Hähnchenhälften damit überziehen, mit Weißbrot und frischem Salat zu Tisch geben.

Beilagen für Grillhähnchen

Zum Grillhähnchen können Sie beispielsweise reichen:

In Butter gedämpfte Mohrrüben oder auch Leipziger Allerlei;
Blumenkohl, gedünstet und mit etwas heißer Butter begossen;
gedünstete Porreescheiben;
gedünstete Champignons oder Pfifferlinge, gut abgeschmeckt;
heißen Stangenspargel;
in Fett oder Öl gegrillte Tomaten mit Paprikaschoten;
Pommes frites oder auch Pommes chips.

Hähnchen aus dem Schnellkochtopf

1 Hähnchen
Salz, Pfeffer
40 g Butter
⅛ l Fleischbrühe
1 TL Speisestärke

Hähnchen vorbereiten, leicht salzen und pfeffern, auf dem Boden des Schnellkochtopfs von allen Seiten in heißer Butter anbräunen, dann in den Siebeinsatz legen. Fleischbrühe angießen und den Topf schließen. Das Hähnchen nach der Ankochzeit in 7 bis 10 Minuten garen. Bratenfond mit etwas kalt angerührter Speisestärke binden und pikant abschmecken. Wer das Hähnchen knusprig liebt, muß es nach dem Garen mit Küchenkrepp abtupfen, dann in der Pfanne in heißer Butter allseitig kroß braten. Dabei das Hähnchen hauchdünn mit Puderzucker bestäuben.

Abwandlung: Das Hähnchen beliebig füllen (z. B. mit angedünsteten Innereien, eingeweichter Semmel, Kräutern und Gewürzen), dann 1 Minute länger garen.

Geflügelfleisch in Ausbackteig

Hühner- oder Putenfleisch aus der Dose (oder ein Rest von gebratenem oder gekochtem Geflügel)
125 g Mehl
1 Ei
knapp ⅛ l Bier
1 TL Öl
Muskat
Fett zum Ausbacken

Geflügelfleisch in möglichst großen, zusammenhängenden Stücken von den Knochen lösen. Übrige Zutaten zu einem nicht zu flüssigen Ausbackteig verarbeiten, die Fleischstücke durch den Teig ziehen und in heißem Fett schwimmend goldbraun backen. Dazu grünen Salat und Salzkartoffeln oder Brot reichen.

Hähnchenragout Cagliari

2 ausgelöste Hähnchenbrüste
1 EL Butter
1 kleine Zwiebel
1 kleine Dose Champignons
1 TL Rosmarin
1 TL Thymian
8 paprikagefüllte Oliven
⅛ l Sahne
Salz
grüner Pfeffer

Hähnchenfleisch würfeln, in heißer Butter in der Pfanne kräftig anbraten, feingehackte Zwiebel und ganze Champignons mitdünsten. Geschnittene oder gerebelte Kräuter und ganze Oliven dazugeben. Sahne angießen, ein paar Minuten unter Umrühren ziehen lassen, mit Salz und grünem Pfeffer würzen.

Wiener Backhendl

1 bratfertiges Hähnchen
Zitronensaft
Salz
etwas Mehl
Ausbackfett

Bruststück und Keulen auslösen (übrige Teile z. B. für Suppe oder Salat verwenden), mit Zitronensaft beträufeln und etwas ziehen lassen, dann salzen, in Mehl wenden und in heißem Fett schwimmend etwa 15 Minuten backen. Abtropfen lassen und mit Reis und grünem Salat zu Tisch geben.

Abwandlung: Hähnchenteile in Mehl, verquirltem Ei und Paniermehl wenden, dann erst backen.

Hühnerbrüstchen Aida

250 g Hühnerbrüstchen
50 g Räucherspeck
25 g Butter
Zitronensaft
Worchestersauce

Hühnerbrüstchen mit einem breiten Messer etwas flach drücken. Speck in Streifen schneiden und die Brüstchen damit spicken, in der erhitzten Butter anbraten, dann mit Zitronensaft und Worcestersauce beträufeln und im zugedeckten Topf in etwa 15 Minuten weich dünsten. Mit Kartoffelbrei und Salat reichen.

Gefüllte Tauben

2 junge Tauben
Bratfett
etwas Würfelbrühe
1 TL Speisestärke
Salz
2 EL saure Sahne

Füllung:
1 altbackene Semmel
1 Ei
50 g Räucherspeck
gehackte Petersilie
Taubenlebern und -herzen
Salz, Pfeffer
Muskat

Tauben vorbereiten. Für die Füllung die Semmel einweichen und gut ausdrücken, mit Ei, feingewürfeltem Speck und Petersilie zur Füllung verkneten, feingehackte Taubenlebern und -herzen dazugeben, mit Salz, Pfeffer und Muskat abschmecken. Die Tauben damit füllen, zunähen, mit heißem Bratfett begießen und im Ofen bräunen. Brühe angießen, die Tauben gar braten, den Bratensatz mit etwas Wasser loskochen, mit kalt angerührter Speisestärke binden, abschmecken und die Sahne hineinrühren, kurz aufkochen. Mit jungen Gemüsen oder Salat und Kartoffeln reichen.

Paprikahähnchen

1 bratfertiges Hähnchen
Butter
1 Zwiebel
etwas Knoblauch
Salz
Paprika
¼ l Brühe oder Wasser
⅛ l saure Sahne
1 TL Speisestärke

Hähnchen waschen und in vier Teile zerschneiden, in Butter mit feingewürfelter Zwiebel und geriebenem Knoblauch andünsten, mit Salz und Paprika bestäuben und Brühe auffüllen. Das Hähnchen gar dünsten, Speisestärke mit Sahne verrühren, die Sauce damit verrühren, kurz aufkochen, abschmecken. Mit Zitronenachteln und Reis anrichten, nach Belieben auch mit Teigwaren zu Tisch geben. Dazu paßt jeder frische Salat.

Putenschnitzel mit Früchten

2 Putenschnitzel
Salz, Pfeffer
2 Scheiben Ananas (Dose)
15 g Mehl
20 g Butter
3 EL Ananassaft
1 TL Curry
1 TL Tomatenmark
1 Banane

Schnitzel salzen und pfeffern, etwas ziehen lassen. Ananasscheiben abtropfen lassen und vierteln. Mehl 3 Minuten in Butter schwitzen, mit ½ Tasse Wasser und 3 Eßlöffeln Ananassaft auffüllen, unter Rühren kräftig durchkochen, mit Curry, Tomatenmark, Salz und Pfeffer würzen. Schnitzel, Ananasviertel und in Scheiben geschnittene Banane hineingeben und zugedeckt bei schwacher Hitze in 30 Minuten garen, dabei die Schnitzel nach 15 Minuten umdrehen. Schnitzel auf einer vorgewärmten Platte anrichten und mit der Früchtesauce übergießen.

Perlhuhn auf Weißbrot

1 junges Perlhuhn
Salz, Pfeffer
1 dünne Scheibe fetter Speck
70 g Butter
2 Scheiben Weißbrot
½ Kästchen Kresse

Perlhuhn vorbereiten (Leber und Herz beiseite stellen), innen salzen und pfeffern, Brust mit Speck umwickeln. Das Huhn auf einer gebutterten feuerfesten Platte im vorgeheizten Ofen bei 220° C braten (20 Minuten je 500 g Perlhuhngewicht), dabei mehrmals mit Bratensaft oder Wasser begießen. Leber und Herz würfeln, in 20 g Butter braten, im Mixer zerkleinern. Brotscheiben in der restlichen heißen Butter beiderseits rösten, Oberseite mit Herz-Leber-Masse bestreichen. Perlhuhn halbieren, auf den Brotscheiben anrichten und mit Kresse garnieren.

Abwandlung: Bratfond mit trockenem Weißwein und etwas Fleischbrühe ablöschen, mit Sahne binden und über die Perlhuhnhälften gießen.

Brathähnchen Edinburgh

1 Brathähnchen
Streuwürze
Pfeffer
Curry
40 g Butter
120 g Champignons
1 grüne Paprikaschote
20 g Butter
1 EL Mehl
1 EL Whisky
⅛ l saure Sahne
1 EL Zitronensaft

Hähnchen in 6 bis 8 Teile zerlegen, mit Streuwürze, Pfeffer und Curry würzen. Die Hähnchenteile etwa 30 Minuten in heißer Butter braten. Champignons blättrig schneiden, Paprikaschote entkernen und in Streifen schneiden, beides 10 Minuten in 20 g Butter dünsten, mit Mehl bestreuen, Whisky angießen und unter Umrühren aufkochen. Die Sauce mit Sahne verfeinern, mit Zitronensaft abschmecken und über die fertig gebratenen Hähnchenteile geben. Heiß zu Salzkartoffeln oder Folienkartoffeln reichen.

Pfeffertopf Trinidad

1 Brathähnchen
1 TL Streuwürze
je eine Msp Chilipulver, Zimt, Nelken, Anis und Ingwerpulver
1 EL Öl
200 g Zwiebeln
4 Knoblauchzehen
200 g Paprikaschoten
2–3 Peperoni
⅛ l Rotwein
1 Beutel Bratensauce
3 Tomaten
2 saure Äpfel

Hähnchen in Ragoutstücke schneiden. Aus den angegebenen Gewürzen eine Gewürzmischung herstellen, das Fleisch darin wenden und einige Zeit ziehen lassen, dann in heißem Öl anbraten. Zwiebeln schälen und halbieren, Knoblauchzehen fein hacken, Paprikaschoten und Peperoni waschen, halbieren und entkernen. Das Gemüse zum Fleisch geben und kurz mit anbraten, mit Rotwein ablöschen. Bratensauce dazugeben, knapp ½ l Wasser angießen und alles etwa 45 Minuten zugedeckt garen lassen. Tomaten überbrühen, abziehen und vierteln, Äpfel schälen und achteln, beides in die Sauce geben und noch 10 Minuten schwach kochen lassen. Zum Pfeffertopf Trinidad passen Reis oder Polenta.

Fasan auf Sauerkraut

1 vorbereiteter kleiner Fasan
Pfeffer
65 g dünne Speckscheiben
1–2 EL Öl
½ Tasse Fleischbrühe
½ Tasse trockener Weißwein
80 g blaue Trauben
¼ Dose Sauerkraut
etwas Fett
1 kleine Zwiebel
1 saurer Apfel
2 EL saure Sahne
1 TL Speisestärke
Salz

Fasan mit Pfeffer einreiben und mit Speckscheiben umwickeln, in heißem Öl anbraten. Brühe und Wein angießen und den Fasan 40 Minuten schmoren; Trauben 15 Minuten mitschmoren. Zerteiltes Sauerkraut mit Fett, feingehackter Zwiebel und gewürfeltem Apfel 45 Minuten kochen. Fasanensauce durch ein Sieb geben, mit Sahne und Speisestärke binden und mit Salz und Pfeffer würzen. Den Fasan auf dem Sauerkraut zu Tisch geben, Sauce gesondert reichen.

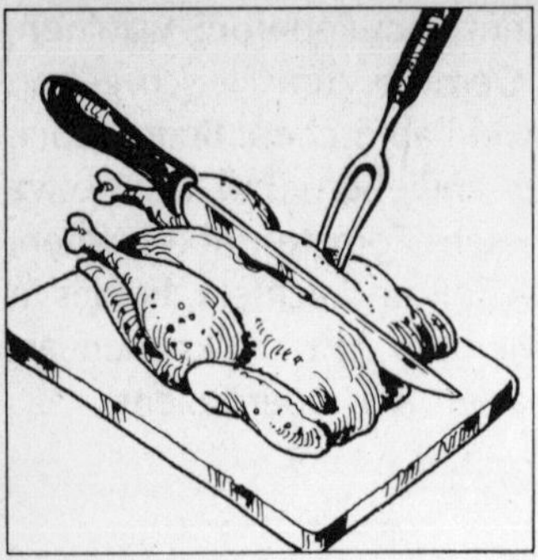

Geflügel der Länge nach halbieren

Jede Hälfte in ein Brust- und Keulenstück teilen

<u>**60-Minuten-Rezepte**</u>

Hähnchen vom Grill

1 Hähnchen	*Petersilie*
Salz	*Butterschmalz zum*
Paprika	*Bestreichen*

Hähnchen vorbereiten, innen und außen mit Salz und Paprika einreiben, ein Sträußchen Petersilie hineinlegen. Auf den

Grillspieß stecken, Flügel und Beine festbinden, mit zerlassenem Butterschmalz bestreichen, im vorgeheizten Grill 40 bis 45 Minuten grillen, zwischendurch mehrmals mit Butterschmalz bestreichen. Das fertige Hähnchen zu Weißbrot und Salat reichen, mit jungen Gemüsen anrichten oder nach einem der Vorschläge auf Seite 105 (Beilagen für Grillhähnchen) garnieren.

Hähnchenfrikassee

1 bratfertiges Hähnchen
Butter zum Braten
etwas Mehl
gut ¼ l Brühe oder Wasser
Suppengemüse (Petersilienwurzel, Mohrrübe, Selleriestückchen, Zwiebel)
2 EL Sahne
1 TL Speisestärke
1 Eigelb
Zitronensaft
Salz
1 kleine Dose Champignons
½ Dose Spargelköpfe
50 g Krebsschwänze aus der Dose
Fleurons

Hähnchen waschen und in acht Teile schneiden, in Butter von allen Seiten leicht andünsten, aber nicht bräunen. Mit Mehl bestäuben, Brühe angießen, das Suppengemüse sowie Herz und Magen des Hähnchens dazugeben und das Fleisch garen. Brühe abgießen, Sahne mit Speisestärke verrühren, die Brühe damit binden, kurz aufkochen, vom Feuer nehmen, das verquirlte Eigelb hineinrühren, mit Zitronensaft und Salz abschmecken. Fleisch in die Sauce legen, außerdem das geschnittene Suppengemüse, soweit es verwendbar ist, die ganzen Champignons, Spargelköpfe und Krebsschwänze. Alles in der Sauce heiß werden lassen und mit Fleurons anrichten.

Abwandlung: Sauce mit 1 bis 2 Teelöffel Kapern pikanter machen, mit Weißwein abschmecken.

Ente vom Grill

1 kleine Ente
Salz, Pfeffer
1 Sträußchen Beifuß
Öl

Ente vorbereiten, salzen und pfeffern, Beifuß hineinlegen, auf den Grillspieß schieben, festklammern, Beine und Flügel festbinden. Mit Öl bestreichen, 40 bis 60 Minuten grillen, dabei noch einige Male mit Öl bestreichen. Zu Curryreis reichen, nach Belieben mit Mandarinenspalten oder Apfelsinenscheiben garnieren.

Abwechslung in der Fischküche

See- und Süßwasserfische sind wie geschaffen für die eilige Küche: Auch der festeste Fisch ist spätestens in einer halben Stunde tischfertig, wenn man nicht gerade auf eine komplizierte Sauce Wert legt oder für die Beilagen zuviel Zeit braucht.
Die Zubereitungszeit läßt sich bei Verwendung eines Schnellkochtopfes auf wenige Minuten abkürzen. Ein solcher Topf lohnt sich auch im Kleinsthaushalt. Wesentliche Arbeitserleichterungen bieten Alufolie und Bratbeutel.
Neben zahlreichen frisch angebotenen Fischsorten gibt es in Portionen geteilten Fisch aus der Tiefkühltruhe. Er braucht nicht vollständig aufgetaut zu werden, bevor er in die Pfanne wandert. Es genügt, die Packung zu öffnen und den Fischblock unter fließendem kalten Wasser antauen zu lassen, bis sich die Filetstücke ablösen lassen. Dann legt man sie nach dem Säuern und Salzen, das bei der Zubereitung keiner Fischart vergessen werden darf, sofort in das heiße Fett oder die leise brodelnde Sauce.
Fischvoll- und -halbkonserven (Präserven), ebenso Schalen- und Krustentiere in Dosen, tragen dazu bei, die warme und noch mehr die Kalte Küche (Seite 202) abwechslungsreich zu gestalten. Die einmal geöffnete Dose sollte so schnell wie möglich verbraucht werden, ihr Inhalt hält sich auch im Kühlschrank nicht länger als 4 bis 6 Tage. Halbkonserven sind auch geschlossen nicht unbegrenzt haltbar – je früher man sie verbraucht, desto eher hat man die Garantie für Frische.

10-Minuten-Rezept

Pfannfisch

1 kleine Zwiebel
Bratfett
100–200 g gekochte Kartoffeln (Rest)
200–300 g gekochter Fisch (Rest)
Salz
Senf

Zwiebel fein hacken oder reiben, in der Pfanne in heißem Fett goldgelb andünsten, in dünne Scheiben geschnittene Kartoffeln und zerpflückten Fisch dazugeben, mit wenig Salz und Senf mild abschmecken. Dazu einen frischen Salat (Tomaten, Gurken o. ä.) reichen.

20-Minuten-Rezepte

Gebackene Schollenfilets

1 Tiefkühlpackung Schollenfilets
Zitronensaft
Salz
Mehl
1 Ei
Semmelmehl
Butter zum Backen
Zitronenachtel

Filets kurz antauen lassen, bis sie voneinander gelöst werden können, mit Zitronensaft beträufeln, salzen, in Mehl, verquirltem Ei und Semmelmehl wenden, in der Pfanne in heißer Butter von beiden Seiten goldgelb backen und mit Zitronenachteln anrichten. Dazu nach Belieben Salzkartoffeln, Kartoffelsalat mit Ei- und Tomatenscheiben und Gurkensalat reichen.

Abwandlung: Filets nicht panieren, sondern nur in Mehl wenden und in heißer Butter goldgelb backen.

Seezungen in Mandelsahne

2 Seezungenfilets
Zitronensaft
Salz, Pfeffer
1 EL Butter
2 EL gehackte Mandeln
1 Glas Weißwein
⅛ l Sahne

Filets mit Zitronensaft säuern, mit Salz und Pfeffer bestreuen. Auf beiden Seiten in heißer Butter goldgelb braten, dabei die Mandeln zugeben. Weißwein angießen, Sahne dazugeben und erhitzen, die Sauce mit Salz, Pfeffer und Zitronensaft abschmecken.

Seezungenfilets in Cidre

2 tiefgefrorene Seezungenfilets
20 g Butter
2 Schalotten
¼ l Cidre oder Apfelwein
Salz, Pfeffer

zur Sauce:
20 g Butter
2 TL Mehl
gehackte Petersilie

Angetaute Filets in eine gebutterte ofenfeste Form legen, mit gehackten Schalotten bestreuen, Cidre angießen, die Filets salzen und pfeffern und zugedeckt im vorgeheizten Backofen in 15 Minuten garen. Filets herausnehmen und warm stellen. Butter und Mehl anschwitzen, mit abgekühltem Fischfond ablöschen, kräftig durchkochen und mit Petersilie verfeinern. Die Sauce über die Filets gießen.

Karibische Fischschnitten

500 g Fischfilet
Salz
Zitronensaft
2 Glas Weißwein
2–4 Tomaten
1–2 Bananen
Butter
1 EL Tomatenmark
1 TL Speisestärke
gehackter Dill
Streuwürze

Fischfilet säubern, salzen und mit Zitronensaft beträufeln, in eine feuerfeste Form legen, mit Weißwein begießen, mit Pergamentpapier bedecken und im Ofen in etwa 15 Minuten gar dünsten. Tomaten und geschälte Bananen halbieren, mit Butter bestreichen und in einer Form gesondert im Ofen überbraten. Fischsud abgießen, mit Tomatenmark verrühren, mit kalt angerührter Speisestärke binden, kurz aufkochen, mit gehacktem Dill, Salz, Zitronensaft und Streuwürze abschmecken und die Sauce mit den gebratenen Tomaten und Bananen zum Fisch reichen.

Fischrouladen

2 dünne Scheiben
Rotbarschfilet (ca. 350 g)
Zitronensaft
Salz
50 g durchwachsener Speck
1 kleine Zwiebel
1 Gewürzgurke
1 Päckchen Tomatensauce

Fisch säubern, säuern und salzen, mit Speck- und Zwiebelwürfeln und den Gurkenstreifchen belegen, zusammenrollen und mit Rouladenklammern oder Holzspießchen festhalten. Tomatensauce nach Vorschrift zubereiten, aber etwas weniger Wasser nehmen. Die Rouladen in eine feuerfeste Form legen, mit Sauce begießen und zugedeckt bei schwacher Hitze in etwa 15 Minuten gar ziehen lassen. Zu grünem Salat und Salzkartoffeln reichen.

Fisch aus dem Schnellkochtopf

¼ l Wasser
2 EL feingehackte Kräuter
2 Stücke Fischfilet
4 Zitronenscheiben
1 kleine Zwiebel
30 g Butter
2 Tomaten
Salz

Wasser in den Schnellkochtopf gießen, den ungelochten Einsatz etwas anfeuchten und einsetzen, Boden mit Kräutern bestreuen, die Filetstücke auflegen und mit Zitronen- und Zwiebelscheiben belegen, Butterflöckchen aufsetzen. Tomaten vierteln und neben dem Fischfilet anordnen. Den Topf schließen, den Fisch nach der Ankochzeit in 5 bis 7 Minuten garen. Die Filets erst nach dem Öffnen des Topfes salzen.

Fischpörkölt auf ungarische Art

250 g Fischfilet
Zitronensaft
Salz
1 EL Edelsüßpaprika
Pfeffer
50 g Räucherspeck
1 kleine Zwiebel
2 kleine Paprikaschoten
2 Tomaten
1 Knoblauchzehe
Kümmel
Tomatenmark
1 EL Mehl
⅛ l saure Sahne

Fischfilet in Würfel schneiden, mit Zitronensaft säuern, salzen und mit einer Prise Paprika und Pfeffer würzen, etwas ziehen lassen. Speck würfeln und auslassen, gewürfelte Zwiebel, in Streifen geschnittene Paprikaschoten und überbrühte, abgezogene und in Würfel geschnittene Tomaten darin andünsten. Zerdrückten Knoblauch hineingeben, dann Fischfilet, Kümmel und Tomatenmark zugeben und mitschmoren. Mehl und restliches Paprikapulver aufstreuen, etwas Wasser angießen. Pörkölt 8 Minuten ziehen lassen, von der Brennstelle nehmen und die Sahne unterziehen.

Fischfrikassee

40 g Fett
30 g Mehl
⅛ l Brühe
⅛ l Milch
1 TL Kapern
Zitronensaft
Salz
500 g Seefischfilet

Fett und Mehl zu heller Mehlschwitze verarbeiten, mit Brühe und Milch auffüllen, Kapern hineingeben, mit Zitronensaft und Salz abschmecken. Fisch säubern, säuern und salzen, in beliebige Stücke schneiden, in etwa 15 Minuten bei mittlerer Hitze in der Sauce gar ziehen lassen. Dazu Salzkartoffeln oder Reis reichen.

30-Minuten-Rezepte

Gedünsteter Dorsch

1 kleiner Dorsch (500–750 g)
Essig oder Zitronensaft
Salz
1–2 Zwiebeln
etwas Weißwein
1 EL Tomatenmark
4 Wacholderbeeren
2 EL Öl
2 Scheiben Schmelzkäse
1 TL Speisestärke

Den Fisch gründlich säubern, mit Essig oder Zitronensaft beträufeln, innen und außen salzen, etwas ziehen lassen und zusammen mit grob geschnittenen Zwiebeln, Weißwein, Tomatenmark und Wacholderbeeren in das in einer feuerfesten Form erhitzte Öl geben, zudecken und den Fisch auf kleiner Flamme garen. Er ist fertig, wenn sich die Rückenflossen herausziehen lassen. Käsevierecke schneiden, den Fisch damit belegen. Fond mit kalt angerührter Speisestärke binden und abschmecken. Dazu Salzkartoffeln oder kleine Kartoffelklöße (aus Kartoffelknödelmehl) und grünen Salat reichen.

Fischfilet überbacken

2 Fischfilets (400–500 g)
Zitronensaft
Salz
Fett für die Form
⅛ l Brühe
1 Glas Weißwein
20 g Fett
20 g Mehl
1 kleine Dose Champignons
2 EL Sahne
1 EL geriebener Käse
Butterflöckchen

Filets säubern, mit Zitronensaft beträufeln und mit Salz einreiben, in eine gefettete feuerfeste Form legen, Brühe und Wein angießen und den Fisch etwa 5 Minuten andünsten. Fett und Mehl zu heller Mehlschwitze verarbeiten, mit Fischsud und Champignonbrühe auffüllen und zu einer sämigen Sauce kochen. Die Sauce mit geschnittenen Champignons und Sahne verfeinern, nachwürzen und über die Filets geben. Käse darüberstreuen, Butterflöckchen aufsetzen und im heißen Ofen etwa 7 Minuten überbacken. Dazu grünen Salat oder einen anderen frischen Salat und Brot reichen.

Forelle blau

2 frische Forellen
Zitronensaft
Salz
Essig
1–2 Zwiebeln
Zitronenspalten
Butter
feingehackte Petersilie

Forellen ausnehmen, vorsichtig innen waschen (Schleim an der Außenseite nicht verletzen, weil er die Blaufärbung erzeugt) und innen und außen mit Zitronensaft beträufeln, salzen. Kopf und Schwanz zusammenbinden, die Fische auf eine ofenfeste Platte legen, mit verdünntem kochendem Essig übergießen und kurze Zeit in Zugluft stellen. Auf der Platte in den Bratofen schieben. Bei mäßiger Hitze 20 bis 30 Minuten dünsten. Die Forelle ist gar, wenn sich die Rückenflosse herausziehen läßt. Fäden entfernen und die Forellen mit Zitronenspalten anrichten. Dazu Petersilienbutter: Butter schaumig rühren, mit feingehackter Petersilie vermischen.

Fischfrikadellen

350 g Seelachsfilet
30 g Räucherspeck
1 Zwiebel
Bratfett
1 altbackene Semmel
Salz
Muskat
Zitronensaft
Petersilie
Semmelmehl

Fisch säubern, in grobe Stücke zerteilen und durch den Fleischwolf drehen. Speck und Zwiebel würfeln und in heißem Fett goldgelb anbraten; die Semmel einweichen und gut ausdrücken. Fischfleisch mit Zwiebel, Speck und Semmelmasse zu einem geschmeidigen Teig verkneten, mit Salz, Muskat, Zitronensaft und gehackter Petersilie würzen und weiterkneten, bis sich der Teig von der Schüssel löst. Frikadellen formen, in Semmelmehl wälzen und in heißem Fett in der Pfanne von beiden Seiten bräunen und garen. Mit Salzkartoffeln und Salat zu Tisch geben, nach Belieben Meerrettich- oder Tomatensauce dazu reichen.

Makrele mit Oliven

1 mittelgroße Makrele
1 Zwiebel
1 EL Öl
Saft von 2 Zitronen
½ Päckchen Fischgewürz
1 EL schwarze Oliven
Pfeffer, Salz

Makrele vorbereiten. Zwiebel hacken und in der Hälfte des Öls andünsten. Restliches Öl in eine feuerfeste Form geben, Fisch hineinlegen, mit Zwiebeln bestreuen und dem Zitronensaft übergießen. Fischgewürz und Oliven ringsum verteilen, wenig Wasser angießen, den Fisch salzen und pfeffern. Zugedeckt im Bratofen in 25 bis 30 Minuten garen. Dazu Salzkartoffeln oder Kartoffelsalat reichen.

Mexiko-Fisch im Bratbeutel

375 g Kabeljaufilet
Zitronensaft
Salz, Pfeffer
1 große Zwiebel
1 grüne Paprikaschote
2 Tomaten
½ Dose Maiskörner
1 Knoblauchzehe
½ Bund Petersilie

Filet waschen, in Gulaschwürfel schneiden, mit Zitronensaft beträufeln und salzen. Zwiebel, Paprika und überbrühte, abgezogene Tomaten in Würfel oder Streifen schneiden, Maiskörner abtropfen lassen. Gemüse mit den Fischwürfeln mischen, salzen und pfeffern, geriebene Knoblauchzehe und gehackte Petersilie dazugeben. Die Mischung in einen Bratbeutel geben, an der Oberseite mit der Gabel einstechen, auf den Bratrost legen und im vorgeheizten Ofen 15 Minuten bei 220° C vorgaren, dann nochmals 15 Minuten bei 180° C fertiggaren. Mit Reis und frischem Salat zu Tisch geben.

Thunfisch-Pastetchen

(6 Portionen)

6 Blätterteigpastetchen
(fertig gekauft)

Für die Füllung:
20 g Butter
20 g Mehl
⅛ l heiße Fleischbrühe
¼ l heiße Milch
Salz
weißer Pfeffer
Saft einer halben Zitrone
1 Dose Thunfisch (185 g)
2 hartgekochte Eier
3 EL Sahne
50 g feine Erbsen (Dose)

Für die Garnierung:
12 Salatblätter
1 Zitrone

Pastetchen auf dem ungefetteten Backblech 15 Minuten bei 200° C aufbacken. In der Zwischenzeit Butter und Mehl anschwitzen, mit Brühe und Milch auffüllen, salzen und pfeffern, 5 Minuten kochen lassen, dann den Zitronensaft hineinrühren. Thunfisch abtropfen lassen und zerpflücken. Eier schälen und in dünne Scheiben schneiden. Beides mit Sahne und Erbsen zur Sauce geben, 3 Minuten erhitzen, ohne zu kochen. Füllung in die heißen Pastetchen geben, Deckel auflegen. Salatblätter auf Teller verteilen und die Pastetchen draufstellen. Mit Zitronenachteln heiß servieren.

20-Minuten-Rezepte

Schnecken im Haus

12–15 Schnecken mit Gehäusen (Fertigprodukt)

Für die Schneckenbutter:
100 g Butter
Pfeffer
1 TL gehackte Schalotten
½ Knoblauchzehe
Saft einer halben Zitrone
etwas Fleischextrakt
Salz

Schnecken abgießen (Fond aufheben) und in die leeren, gewaschenen Schneckenhäuser geben. Butter schaumig rühren, mit den angegebenen Zutaten mischen, im Kühlschrank fest werden lassen. In jedes Schneckenhaus etwas Fond aus der Dose geben, die Häuser mit Schneckenbutter zustreichen, in eine Schneckenpfanne setzen (ersatzweise: auf ein kleines, dick mit Salz bestreutes Backblech), im vorgeheizten Ofen 8 bis 10 Minuten backen (die Butter wird dabei flüssig, sie darf aber nicht bräunen). Mit Schneckenzangen und -gabeln servieren, dazu Meterbrot oder Toast reichen.

Jakobsmuscheln gebraten

(Coquilles St. Jacques)

225 g Jakobsmuscheln aus der Tiefkühltruhe
¼ l Instant-Fleischbrühe
10 g Mehl
20 g Butter
½ Bund Petersilie

Muscheln in die kochende Fleischbrühe geben, 10 Minuten ziehen lassen, herausnehmen, abtropfen lassen und zerschneiden. Muscheln und Rogen in Mehl wenden, in heißer Butter goldgelb braten, mit Petersilie garniert in den Muschelschalen oder in Keramikschälchen anrichten.

Krabben in Dillsauce

1 kleine Zwiebel
20 g Fett
20 g Mehl
¼ l Fleisch- oder Fischbrühe
2 EL saure Sahne
Salz, Pfeffer
1 Msp Curry
½ EL gehackter Dill
150 g Krabben

Zwiebel fein schneiden, in Fett glasig dünsten, Mehl dazugeben und kurz anrösten, mit Brühe ablöschen und 5 Minuten durchkochen. Sahne, Gewürze und Dill dazugeben und die Krabben 5 Minuten in der Sauce ziehen lassen. Mit Reis servieren.

Krebse in Dill

12 Krebse
Salz
½ Bund Suppengrün
½ Bund Dill

Krebse unter fließendem Wasser abbürsten. Salzwasser mit Suppengrün und Dill zum sprudelnden Kochen bringen, die Krebse hineinwerfen und das Wasser wieder aufkochen lassen. Die Krebse bei schwacher Hitze in etwa 15 Minuten garen, im Sud oder auf einer Platte anrichten. Dazu Toast oder Meterbrot und Butter reichen und Krebsmesser und -gabeln vorlegen.

Muscheln in feurigem Sud

½ Bund Suppengrün
1 Zwiebel
20 g Margarine
½ Knoblauchzehe
½ Flasche Tomatenketchup (etwa 170 g)
¼ l Weißwein
Salz
Zucker
Pfeffer
1,5 kg Miesmuscheln

Suppengrün und Zwiebel putzen, fein schneiden und in einem großen Topf in Margarine andünsten. Knoblauch zerdrücken, dazugeben und mit dem Ketchup ablöschen. Weißwein hinzufügen, mit den Gewürzen abschmecken und den Sud etwa 10 Minuten durchkochen. Muscheln unter fließendem Wasser kräftig bürsten, den Bart entfernen, die Muscheln in den stark kochenden Sud geben und etwa 15 Minuten garen.

Hummer Pariser Art

1 Hummer
30 g Mehl
30 g Butter
⅛ l Milch
1 EL Senf
2 EL Reibkäse

Hummer in kochendes Salzwasser geben, 20 bis 30 Minuten bei schwacher Hitze kochen lassen, herausnehmen, abtropfen lassen und der Länge nach teilen. Hummerfleisch herausnehmen und kleinwürflig schneiden. Mehl in Butter anschwitzen, mit Milch auffüllen, durchkochen, Senf und Käse dazugeben und nochmals aufkochen, die Sauce abschmekken und mit dem Hummerfleisch mischen. Hummerschalen mit der Mischung füllen und im Ofen goldgelb überbacken.

Toasts und Überbackenes

Die Kunst der kleinen Toastgerichte hat sich immer mehr zu einer eigenen »Küchenrichtung« entwickelt – zum Glück für die eilige und doch nicht anspruchslose Köchin, denn Toastraffinessen aller Art sind schnell zubereitet, wenn man über einen Backofen, Grill oder einen Tischgrill verfügt (Zeichnung Seite 132), sehen gut aus – das ist für die Gästeküche nicht uninteressant – und schmecken ausgezeichnet. Wer sich einmal damit befaßt hat, wird bald eigene Kombinationen erfinden.

Ein Toastgericht wird zum kompletten kleinen Mittag- oder Abendessen, wenn man vorher eine Suppe reicht und hinterher Obst. Es kann sich um eine selbstgekochte Suppe handeln, ebenso aber auch um eine Suppe aus der Tüte oder Dose, mit ein paar einfachen Kunstgriffen aufbereitet: Spargelcreme- oder Blumenkohlsuppe verfeinert man mit Butter und Dosenmilch, Ochsenschwanzsuppe mit Rotwein oder Sherry, Gemüsesuppe mit Reibkäse und gehackter Petersilie, klare Fleischsuppe mit gerösteten Weißbrotwürfeln, Schnittlauch und kleingeschnittenen Hartwurstscheiben.

Zurück zum Toast: Backofen oder Grill heizt man vor, während die Brote vorbereitet werden. Im Grill benutzt man immer die Mittelschiene. In der oberen Schiene geht es zwar schneller, das Grillgut wird aber in der kurzen Zeit nicht gleichmäßig »durchgeheizt«; empfindliche Zutaten können außerdem unter der heftigen und direkten Hitze leiden. Wer weder Ofen noch Grill besitzt, kann die meisten Toastgerichte auch in der Pfanne (milde Hitze, Pfanne buttern, Deckel drauf!) zubereiten.

Sprottentoast

2 Scheiben Weißbrot (Toastbrot)
Butter
3 Scheiben Schmelzkäse
ca. 10 Sprotten oder Ölsardinen
Zitronensaft
eingelegter Paprika

Weißbrot beiderseits toasten, eine Seite buttern, mit je einer Scheibe Käse belegen, die Sprotten oder Sardinen darauf verteilen und mit Zitronensaft beträufeln. Restliche Käsescheibe in Streifen schneiden, die Sprotten damit verzieren. Die Toasts 6 bis 8 Minuten im heißen Ofen oder unter dem Grill überbacken und mit Paprika garniert sofort anrichten.

Abwandlung: Verwenden Sie anstelle der angegebenen Sprotten einen anderen Räucherfisch, wie z. B. Schillerlocken, Bücklingsfilets, Makrelenfilets oder Aalstücke. Sie können den Fisch geschmacklich noch mit etwas Meerrettich aus dem Glas würzen.

Teenager-Toast

2 Eier
Salz
weißer Pfeffer
etwas Butter
2 Scheiben magerer roher Schinken
2 Toast-Scheibletten
2 Scheiben Bauernbrot

Eier mit 2 Eßlöffeln Wasser verquirlen, mit Salz und frisch gemahlenem Pfeffer würzen. In der Pfanne in heißer Butter stocken lassen und zu Rühreiern zusammenschieben. Auf 2 Brotscheiben verteilen, mit je einer Scheibe Schinken und Käse bedeckt anrichten.

Kontakt-Tischgrill

Überbackene Tomaten

4 große Tomaten
Salz, Pfeffer
4 EL Ragout fin
(Dose oder Rest)
4 Eigelb
Petersilie

Von den Tomaten Deckel abschneiden, die Tomaten aushöhlen, abtropfen lassen, mit Salz und Pfeffer würzen, zu ¾ mit heißem Ragout füllen, je ein rohes Eigelb aufsetzen, salzen und pfeffern. Die gefüllten Tomaten auf dem Rost im vorgeheizten Ofen oder unter dem Grill 6 bis 8 Minuten überbacken. Mit Petersilie garniert zu Toast reichen.

Käseschnitten mit Pfifferlingen

2 Scheiben Schwarzbrot
Butter
2 Ecken oder Scheiben Schmelzkäse
1 kleine feingewiegte Zwiebel
Pfeffer
½ kleine Dose Pfifferlinge
Salz
Petersilie

Schwarzbrotscheiben buttern, mit Käse bedecken, Zwiebel und Pfeffer darauf streuen, im vorgeheizten Grill oder Backofen (höchste Hitzestufe) erhitzen, bis der Käse zu schmelzen beginnt. Herausnehmen, halbierte und abgetropfte Pfifferlinge auf den weichen Käse legen, leicht salzen (oder die Pilze mit Reibkäse bestreuen), nochmals in den Ofen schieben und die Pilze heiß werden lassen. Mit Petersilie garniert anrichten; nach Belieben gesalzene Tomatenachtel dazu reichen.

Hühnerpastetchen

2 frische Semmeln
etwas Butter
Senf
60 g Räucherspeck in dünnen Scheiben
1 Dose Hühnerragout (oder Rest von beliebigem anderem Ragout, evtl. auch Frikassee)
nach Belieben Reibkäse
Curry oder Paprika

Semmeln halbieren, Krumen soweit wie möglich auslösen, Inneres der Semmeln buttern und mit Senf ausstreichen. Die Speckscheiben anbraten, die Semmeln damit auslegen und mit Ragout füllen. Mit Käse, Curry oder Paprika bestreuen, 5 bis 10 Minuten im Ofen oder unter dem Grill überbacken.

Thunfischtoast

½ kleine Dose Thunfisch (ca. 80 g)
Zitronensaft
Salz
2 Scheiben Weißbrot (Toastbrot)
etwas Mayonnaise
1 Scheibe Ananas
1 Tomate
Pfeffer
2 Scheiben Chester-Schmelzkäse

Thunfisch gut abtropfen lassen, zerpflücken, mit Zitronensaft beträufeln und salzen. Weißbrot beiderseits toasten, eine Seite dünn mit Mayonnaise bestreichen. Ananasscheibe halbieren, so daß zwei dünnere Scheiben entstehen, die Mayonnaisetoasts damit belegen. Den Thunfisch darauf verteilen, Tomatenscheiben darauf legen, salzen und pfeffern, mit je einer Scheibe Chester krönen. Die Brote etwa 10 Minuten im vorgeheizten Backofen oder unter dem Grill überbacken, bis der Käse cremig zerfließt.

Schimmelreiter-Toast

20 g Butter
1 kleine Zwiebel
2 Tomaten
100 g Krabben
Salz, Pfeffer
3 EL Sahne
2 Scheiben Weißbrot
2 Salatblätter
2 dicke Scheiben Wilstermarsch- oder Goudakäse

Butter in der Pfanne zerlassen. Zwiebel in Ringen und gehäutete Tomaten in Scheiben in der Butter andünsten, Krabben dazugeben, mit Salz und Pfeffer würzen, die Sahne angießen und etwas einkochen. Weißbrotscheiben toasten, die Tomaten-Zwiebel-Mischung darauf verteilen. Salatblätter waschen, abtropfen lassen, in feine Streifen schneiden und auf die Mischung legen, mit je einer Käsescheibe abdecken. Im vorgeheizten Backofen überbacken, bis der Käse cremig zerläuft.

Schinken-Spargel-Toast

2 Scheiben Weißbrot (Toastbrot)
Butter
2 Scheiben Schinken
100 g Brechspargel oder Spargelspitzen (aus der Dose)
Streuwürze
2 Scheiben Edamer Käse

Weißbrot beiderseits toasten, auf einer Seite mit Butter bestreichen, mit Schinken belegen, den Spargel gut abtropfen lassen und darauf verteilen, mit Streuwürze würzen und mit Käsescheiben zudecken. Auf dem Blech im heißen Ofen oder unter dem Grill goldgelb überbacken.

Toast mit Spiegelei

20 g Butter
2 Scheiben gekochter Schinken
2 Scheiben Toastbrot
2 Eier
Salz
Edelsüßpaprika
etwas Petersilie

Butter in der Pfanne erhitzen, Schinkenscheiben darin in 3 Minuten knusprig braten und gleichzeitig die Brotscheiben rösten. Brot auf vorgewärmte Teller legen und mit Schinken bedecken. In der Pfanne 2 Spiegeleier braten und auf den Schinken gleiten lassen. Eiweiß salzen, Eigelb mit Paprika bestreuen. Mit Petersilie garniert reichen.

Champignons auf Toast

½ kleine Dose Champignons
½ Päckchen helle Delikateßsauce
2 Scheiben Weißbrot (Toastbrot)
1–2 EL Reibkäse
½ Zitrone
Worcestersauce

Champignons abtropfen lassen und in Scheiben schneiden. Die helle Sauce mit Champignonbrühe (Hälfte der vorgeschriebenen Flüssigkeitsmenge nehmen!) zubereiten, Champignons hineingeben und abschmecken. Weißbrot beiderseits toasten oder in der Pfanne anrösten, die Champignons darauf anrichten, dick mit Käse bestreuen und im Ofen oder unter dem Grill überbacken. Mit Zitronenachteln und Worcestersauce zu Tisch geben.

Leberwurst-Rosinen-Toast

2 EL Rosinen
3 EL Rotwein
2 Scheiben Toastbrot
50 g Kalbsleberwurst
1 Msp Majoran
1 saurer Apfel
2 Scheiben mittelalter Holland-Gouda

Rosinen waschen, in Rotwein aufkochen und darin 15 Minuten quellen lassen. Brot toasten, mit Leberwurst bestreichen und Majoran aufstreuen. Apfel schälen, Kernhaus ausstechen, bleistiftdicke Scheiben schneiden. Leberwursttoasts mit Apfelscheiben und abgetropften Rosinen belegen, je eine Käsescheibe daraufgeben, die Toasts im vorgeheizten Backofen oder Grill überbacken, bis der Käse zerläuft. Sofort sehr heiß auf den Tisch bringen.

Roquefort-Toast

1–2 kleine säuerliche Äpfel
1 EL Calvados
2 Scheiben Weiß- oder Toastbrot
etwas Butter
2 Scheiben Roquefort (ca. 4 mm dick)
Petersilie
1 Tomate

Äpfel schälen, vom Kerngehäuse befreien, raspeln oder raffeln, mit Calvados beträufeln. Brotscheiben beiderseits toasten, auf einer Seite buttern, mit den Äpfeln belegen und mit je einer Käsescheibe zudecken. Auf dem Rost im Ofen oder unter dem Grill überbacken, bis der Käse zu zerlaufen beginnt. Heiß mit Petersiliensträußchen und Tomatenachteln servieren.

Lachstoast

2 Scheiben Toastbrot
Butter
2 hartgekochte Eier
2 Scheiben Räucherlachs
¼ Becher süße Sahne
1 EL geriebener Meerrettich (Glas)
etwas Dill

Toastscheiben rösten und buttern, dicht mit Eischeiben belegen und je eine Scheibe Lachs darauf geben. Sahne steif schlagen und Meerrettich unterziehen, die Toasts damit garnieren (am besten mit dem Spritzbeutel). Je ein Dillsträußchen auflegen.

Tatarschnitte vom Grill

100 g Rinderhackfleisch
1 Ei
geriebene Zwiebel
1 kleine Gewürzgurke
1 TL Kapern
1 Sardellenfilet
1 TL Senf
Salz, Pfeffer
2 Scheiben Landbrot
2 Eigelb
etwas Öl

Hackfleisch mit Ei und den übrigen zerkleinerten Zutaten gut vermengen. Mit den Gewürzen pikant abschmecken und die Brotscheiben dick damit belegen. In die Mitte mit einem Eßlöffel eine Vertiefung drücken, Eigelb vorsichtig hineinsetzen, salzen und pfeffern. Tatar mit Öl bestreichen. Auf dem Rost im Ofen oder unter dem Grill 8 bis 10 Minuten überbacken. Mit Salat oder Mixed Pickles zu Tisch geben.

Wandlungsfähige Kartoffel

Die Kartoffel hat viele Gesichter. Sie kann deftig-derb auftreten und knusprig-zart, lieblich-freundlich und rassig-pikant, sie hält sich manchmal als Beigabe bescheiden zurück und behauptet in anderen Rezepten ihre Stellung als vorherrschende Zutat. Wer kann auf die Kartoffel verzichten? In der schnellen Küche gibt sie uns allerdings einige Probleme auf. Sie braucht nun einmal ihre Zeit, gleichgültig, ob es sich um eine simple Pellkartoffel handelt oder um goldbraune Pommes frites. Man kann diese Schwierigkeit zum Teil dadurch umgehen, daß man beispielsweise Pellkartoffeln am Abend vorher kocht. Die Weiterverarbeitung nimmt dann am Tag danach nur noch wenige Minuten in Anspruch. Noch schneller geht es, wenn man sich an Fertigprodukte wie Kartoffelknödel- und -püreemehl hält. Während das Fleischgericht in der Pfanne schmort, kann man ungestört einen Kartoffelbrei anrühren und quellen lassen. Auch die Tiefkühltruhe hält »vorfabrizierte« Kartoffelgerichte bereit – zum Beispiel vorgebackene Pommes frites und Klöße, die nur noch gar zu ziehen brauchen.

20-Minuten-Rezepte

Saucenkartoffeln

400 bis 500 g Pellkartoffeln, abgepellt und in Scheiben geschnitten, werden in einer der folgenden Saucen erhitzt: helle Delikateßsauce nach Vorschrift zubereiten, mit 1 bis 2 Eßlöffeln gehackter Petersilie mischen; helle Delikateßsauce mit Senf abschmecken; 50 g Räucherspeck und ½ Zwiebel würflig

schneiden, in Fett glasig dünsten, 20 g Mehl darin anschwitzen, mit je $\frac{1}{8}$ l Brühe und Milch auffüllen, 10 Minuten durchkochen und mit Pfeffer, Salz, Muskatnuß und Zitronensaft pikant abschmecken; 50 g Reibkäse und einen Stich Butter in dieser Sauce aufkochen und abschmecken.

Norddeutsche Bratkartoffeln

500 g kleine Pellkartoffeln
40 g Schweineschmalz
Salz
1 gestrichener EL Puderzucker

Kartoffeln pellen und unzerteilt in heißem Fett braten. Dabei schütteln, damit die Kartoffeln auf allen Seiten Farbe bekommen. Während des Bratens salzen. Die angebratenen Kartoffeln mit Puderzucker bestreuen und rundum bräunen lassen.

Abwandlung: Kartoffeln in Scheiben schneiden, geschnittene Zwiebel dazugeben, unter Wenden fertig braten, salzen, nach Belieben gleich zu Anfang etwas Kümmel darüberstreuen.

Tiroler Gröstl

300 g Pellkartoffeln
125 g Fleisch- oder Wurstreste (bevorzugt Blutwurst)
1 kleine Zwiebel
1–2 Gewürzgurken
Bratfett
Salz
gehackte Petersilie

Kartoffeln abpellen, in Scheiben oder Würfel schneiden, Fleisch oder Wurst, Zwiebel und Gurken in kleine Würfel schneiden, mit den Kartoffeln in heißem Fett kräftig durchbraten, salzen und mit Petersilie bestreut anrichten. Dazu Tomatenachtel oder grünen Salat reichen.

Berner Rösti mit Räucherspeck

500 g gekochte Kartoffeln
1 kleine gehackte Zwiebel
20 g Bratfett
½ EL gewürfelter Räucherspeck
Salz
etwas Rosmarin
½ Knoblauchzehe

Kartoffeln grob raffeln oder in feine Scheiben schneiden. Zwiebel in Fett und Speck gelb anbraten, Kartoffeln und Gewürze zugeben und bei schwacher Hitze unter regelmäßigem Wenden braten. Einen flachen Kuchen formen und zusammenbacken lassen, bis sich eine Kruste gebildet hat. So auf eine Platte stürzen, daß die knusprige Unterseite nach oben kommt.

30-Minuten-Rezepte

Reibekuchen

(Kartoffelpuffer)

500 g Kartoffeln
1 Ei
1 kleine geriebene Zwiebel
1 EL Mehl oder Grieß
Salz
Backfett

Kartoffeln schälen, reiben, abtropfen lassen und mit den übrigen Zutaten zu Brei verrühren. In der Pfanne in heißem Fett dünne Plätzchen von beiden Seiten goldbraun backen. Heiß mit Apfelmus, Preiselbeeren, anderem Kompott oder auch salziger Beilage (z. B. Heringsfilets in Sahne) zu Tisch geben.

Pommes frites mit Abwandlungen

500 g Kartoffeln
Backfett oder -öl
Salz

Kartoffeln schälen, bleistiftdicke, 5 cm lange Stäbchen schneiden, in ein sauberes Geschirrtuch einrollen und trocknen. Portionsweise in eine Friteuse oder einen Topf mit Backkorb in heißes Fett oder Öl geben, die Stäbchen hellgelb backen und abtropfen lassen. Kurz vor dem Anrichten alle Kartoffelstäbchen nochmals in heißes Fett geben und goldbraun backen, mit feinem Salz bestreut zu Tisch geben.

Vereinfachung: Vorgebackene Pommes frites aus der Tiefkühltruhe auftauen lassen, in heißem Fett schwimmend oder in reichlich Fett in der Pfanne fertigbacken.
Zu *Strohkartoffeln* strohhalmdicke Stäbchen, zu *Streichholzkartoffeln* streichholzdünne Stäbchen schneiden, zu *Chips* sehr dünne Kartoffelscheiben hobeln. Backvorgang in allen Fällen wie bei Pommes frites. Chips gibt es auch in Fertigpackungen im Handel.

Kartoffelkroketten

300 g gekochte Kartoffeln
Salz
Muskat
20 g Butter
1 Eigelb
etwas Mehl
1 verquirltes Ei
Semmelmehl
Backfett

Kartoffeln durch die Presse drücken oder durch den Fleischwolf drehen, mit Gewürzen, Butter, Eigelb und so viel Mehl vermischen, daß ein nicht zu lockerer Teig entsteht. Mit bemehlten Händen 3 cm dicke und 6 cm lange Rollen formen, durch verquirltes Ei ziehen, in Semmelmehl wälzen und in reichlich Fett in der Pfanne (oder in heißem Fett schwimmend) goldbraun backen. Zu beliebigen Fleischgerichten reichen.

Abwandlung: Kroketten in Kokosraspeln panieren und goldbraun backen.

Schneller Kartoffelauflauf

½ Paket Kartoffelpüreemehl
1 Eigelb
150–200 g Brühwürstchen
Reibkäse
Butterflocken
1 Tomate

Püreemehl nach Vorschrift verarbeiten, 1 verquirltes Eigelb hineinrühren, Wurst in Scheiben (einige Scheiben zum Garnieren aufheben) schneiden und unter die Masse heben, eine gefettete feuerfeste Form damit füllen. Reibkäse darüberstreuen, Butterflöckchen aufsetzen und den Auflauf im vorgeheizten Ofen bei mittlerer Hitze etwa 20 Minuten backen. Mit den zurückbehaltenen Wurstscheiben und Tomatenachteln garnieren. Dazu paßt grüner oder Endiviensalat, nach Belieben auch eine pikant abgeschmeckte Tomatensauce.

Savoyer Kartoffelomelett

375 g Kartoffeln
30 g Butter
2–3 Eier
⅛ l saure Sahne
50 g Reibkäse
Salz, Pfeffer
30 g Butter

Kartoffeln schälen und in dünne Scheiben schneiden, zugedeckt in der Pfanne in heißer Butter garen, dabei gelegentlich wenden. Eier mit Sahne, Käse, Salz und Pfeffer verquirlen, die etwas abgekühlten Kartoffeln hineingeben. Schöpflöffelweise Eier-Kartoffel-Masse in die Pfanne geben und in heißer Butter von beiden Seiten knusprig backen.

40-Minuten-Rezepte

Petersilienkartoffeln

300–400 g Pellkartoffeln
Salz
30 g Butter
1 EL gehackte Petersilie

Kartoffeln heiß abpellen, salzen, in zerlassener Butter schwenken, mit Petersilie bestreut anrichten.

Gebackene Kartoffeln

Kartoffeln gründlich unter fließendem Wasser abbürsten, abtropfen lassen, mit zerlassener Butter oder Öl einpinseln, auf ein gefettetes Backblech geben und im vorgeheizten Backofen 40 Minuten bei 220° C backen.

Quark-Kartoffelklöße

300 g Kartoffeln
75 g Mehl
25 g Speisestärke
150 g trockener Quark
1–2 Eier
1 kleine Zwiebel
Bratfett
gehackte Petersilie
Salz, Pfeffer
Butter

Kartoffeln schälen, reiben und auspressen, mit Mehl, Speisestärke, passiertem Quark, verquirltem Ei, geschnittener, in Fett angerösteter Zwiebel und gehackter Petersilie vermengen, den Teig mit Salz und Pfeffer abschmecken. Klöße formen, in 15 bis 20 Minuten in kochendem Salzwasser garen.

60-Minuten-Rezept

Folienkartoffeln

2–4 mittelgroße bis große Kartoffeln
Salz
etwas Butter

Kartoffeln in der Schale waschen, noch naß mit etwas Salz überstäuben. Einzeln auf nicht zu kleine Stücke Alufolie legen und die vier Folienecken nach oben schlagen, Folie ringsum fest andrücken. 50 bis 60 Minuten bei 200 bis 220° C im vorgeheizten Backofen garen. Beim Anrichten Folie oben öffnen, Kartoffeln kreuzweise einschneiden, auseinanderdrücken und etwas Butter hineingeben.

Abwandlungen: Statt Butter kann man saure Sahne, Kräuterbutter oder -sauce, pikant abgeschmeckten Quark oder auch Joghurt verwenden.

Gemüse für alle Tage

Je zarter und frischer das Gemüse, desto kürzer die Zubereitungszeit. Duftige Sommergemüse wie Spargel, Karotten, Erbsen und Kohlrabi kommen fast durchweg mit der Hälfte der Koch- und Dünstzeiten aus, wie sie derbere Herbstgemüse – alle Kohlarten, rote Rüben, Schwarzwurzeln und Sellerie beispielsweise – beanspruchen. Auf diese Tatsache muß man seinen Zeit- und Kochplan abstimmen, wenn man nicht auf Konserven zurückgreifen will. Sie bieten eine reiche Fülle tafelfertiger oder schnell »aufbereiteter« Herrlichkeiten, bei denen auch noch das fingerfärbende Putzen entfällt. Am beliebtesten sind Schnitt- und Brechbohnen, Leipziger Allerlei, Erbsen, Karotten, Spinat, rote Rüben, Sellerie, Spargel, Paprikaschoten, Tomatenpaprika und Pilze aller Art.

Vielseitig ist auch das Angebot an tiefgefrorenen Gemüsen. An der Spitze der Absatzstatistik liegt der Spinat. Gemüse aus der Tiefkühltruhe wird unaufgetaut weiterverarbeitet, man gibt es aus der Packung gleich ins kochende Wasser, wobei das Würzen nicht vergessen werden darf, denn im Gegensatz zu Gemüsekonserven ist Tiefkühlgemüse weder mit Salz noch mit Gewürzen vorbehandelt. Die Garzeit ist etwas kürzer als bei frischem Gemüse anzusetzen.

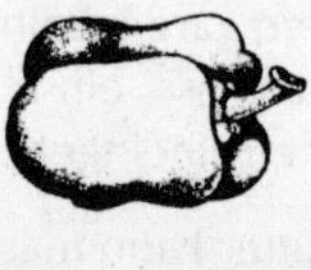

Junge Kohlrabi

500 g junge Kohlrabi
Salz
1 Packung helle Delikateß-sauce
30 g Butter
Muskatnuß

Kohlrabi schälen, waschen und in dünne Scheiben schneiden, mit ¼ l Wasser aufsetzen, leicht salzen und zugedeckt bei mäßiger Hitze garen. Brühe abgießen, auf ¼ l mit Wasser ergänzen, Inhalt der Saucenpackung unter Rühren mit dem Schneebesen hineingeben, 5 Minuten schwach kochen. Die Kohlrabischeiben in die Sauce geben, Butter hinzufügen, mit Muskatnuß und wenig Salz abschmecken.

Tomaten in der Folie

4 große Tomaten
Salz, Pfeffer
150 g gemischtes Hackfleisch
1 kleine Zwiebel
65 g Schnittkäse

Tomaten waschen und abtrocknen. Deckel abschneiden. Die Tomaten aushöhlen, innen gut salzen und pfeffern. Hackfleisch mit geriebener oder feingehackter Zwiebel, Salz und Pfeffer würzen, die Tomaten damit füllen. Auf jede Tomate ein Käsestückchen legen, Deckel aufsetzen. Die Tomaten einzeln in Alufolie wickeln, im vorgeheizten Backofen oder Grill 12 bis 15 Minuten garen.

Gefüllte Gurke

1 dicke grüne Gurke
125–200 g gemischtes Hackfleisch
(je nach Größe der Gurke)
1 altbackene Semmel
1 Ei
1 gehackte Zwiebel
gehackte Petersilie
Salz, Pfeffer
Muskatnuß

Zur Sauce:
1 Päckchen helle Delikateßsauce
1 EL Tomatenmark
½ Zwiebel
4–6 EL saure Sahne
Paprika
gehackter Dill
Salz

Gurke schälen, halbieren, Kerne und alles Weiche mit einem Löffel herauskratzen. Hackfleisch mit vorher eingeweichter Semmel, Ei, Zwiebel, Petersilie, Salz, Pfeffer und Muskat zu einem Fleischteig verkneten, die Gurke damit füllen und mit Hölzchen zusammenhalten. Sauce nach Vorschrift zubereiten, mit den angegebenen Zutaten verfeinern, in eine feuerfeste Form gießen, die Gurke hineinlegen und zugedeckt dünsten.

Broccoli mit Weinsauce

1 Päckchen tiefgefrorener Broccoli
1 EL Butter
½ EL Mehl
je 4 EL Fleischbrühe und Weißwein
Salz
Zucker

Broccoli in wenig Wasser in 10 Minuten garen. Mehl in Butter anschwitzen, mit Brühe und Wein ablöschen, 8 Minuten kochen, würzen und über den Broccoli gießen.

Schneller Eintopf

½ Dose Mischgemüse
½ Dose Brechbohnen
½ l Würfelbrühe (Gemüsewasser mitverwenden!)
2 rohe Kartoffeln
gehackte Petersilie

Gemüse in die kochende Brühe geben, Kartoffeln schälen, waschen und hineinreiben, unter vorsichtigem Rühren aufkochen, kurz durchkochen und mit Petersilie bestreut auf tiefen Tellern anrichten. Nach Belieben saure Sahne darübergießen. Dazu Cornedbeef-Scheiben oder Brühwurstwürfel reichen oder gleich mit dem fertigen Eintopf mischen.

Bayerisch Kraut aus dem Schnellkochtopf

500 g Weißkraut
40 g Schweine- oder Gänseschmalz
1 Prise Zucker
1 kleine Zwiebel
Salz
knapp 1 TL Kümmel
4 EL Weißwein
1 Tasse Fleischbrühe
etwas Essig

Weißkraut hobeln oder fein schneiden. Fett im Schnellkochtopf erhitzen, Zucker darin bräunen, geschnittene Zwiebel kurz andünsten, dann das Kraut hineingeben und kräftig anschmoren, Gewürze beifügen. Wein und Brühe angießen, den Topf schließen und das Kraut nach der Ankochzeit in 4 bis 8 Minuten garen. Nach dem Öffnen mit Salz und Essig abschmecken.

Lauchgemüse

350 g Lauch (Porree)
20 g Butter
4 EL Wasser
Salz
Muskatnuß
1 TL Speisestärke
gehackte Petersilie

Lauchwurzeln abschneiden, welke Blätter und oberes Grün entfernen, die Stangen waschen und in fingerlange Stücke schneiden. In heißer Butter anschmoren, mit Wasser (oder Brühe) auffüllen und zugedeckt bei mäßiger Hitze gar dünsten. Lauchbrühe mit kalt angerührter Speisestärke binden, mit Salz und Muskat würzen, mit Petersilie bestreut zu Tisch geben.

Abwandlung: Gemüse mit Milch statt mit Wasser auffüllen oder zuletzt etwas Sahne hineingeben.

Mexikanischer Bohnentopf

1 Paprikaschote
1 Stange Porree
200 g Kochwurst
10 g Butter
2 TL Chilipulver
1 TL Tomatenmark
½ Dose rote Bohnen
½ Dose Gemüsemais
Salz
Schnittlauch

Paprikaschote von Kernen und Scheidewänden befreien, in Würfel schneiden, Porree in Streifen schneiden. Wurst in Scheiben oder Stücke schneiden und in Butter anbraten, dann Paprika und Porree dazugeben und kurze Zeit mitdünsten, mit Chili und Tomatenmark würzen. Bohnen und Maiskörner abgießen, ⅛ l vom abgegossenen Gemüsewasser zur Wurstmischung geben, 5 Minuten kräftig durchkochen. Mais und Bohnen hinzufügen und nochmals aufkochen, mit Salz abschmecken und gehackten Schnittlauch aufstreuen.

Junge Karotten mit Speck

500 g junge Karotten
75 g Räucherspeck
1 EL gehackte Zwiebel
Salz
1 Prise Zucker
Speisewürze

Karotten putzen, waschen und in gleichmäßige Würfel schneiden. Speck fein würfeln, leicht anbraten, Zwiebel hinzufügen und goldgelb andünsten, mit ⅛ l Wasser ablöschen. Karotten dazugeben, mit Salz und Zucker würzen. Zugedeckt langsam gar ziehen lassen, mit Speisewürze abschmecken. Bei Verwendung älterer Karotten verlängert sich die Zubereitungszeit bis auf etwa das Doppelte.

Gekochter Spargel

500 g Stangenspargel
Salz
1 Prise Zucker

Spargel vom Kopf zum Schnittende schälen, Enden abschneiden. Spargelstangen zu je 6 Stück bündeln, in das kochende Wasser geben (leicht salzen und zuckern) und bei mäßiger Hitze garen. Vorsichtig herausnehmen und nach Belieben mit heißer Butter, rohem oder gekochtem Schinken, Räucherlachsscheiben, Kalbsschnitzel oder weichgekochten Eiern und jungen Kartoffeln anrichten.

Blumenkohl mit Käsesauce

1 kleiner Blumenkohl
Salz
125 g Streichschmelzkäse
⅛ l Milch
Pfeffer

Blumenkohl in leicht gesalzenem Wasser garen. Käse in Flöckchen teilen und unter ständigem Umrühren in der erhitzten Milch auflösen, mit Salz und Pfeffer würzen und über den Blumenkohl gießen.

Grüne Bohnen

350 g grüne Bohnen
Bohnenkraut
Salz
20 g Mehl
1 kleine Zwiebel
30 g Butter
etwas Brühe
Pfeffer
gehackte Petersilie

Bohnen putzen, abfädeln und waschen, mit gebündeltem Bohnenkraut in kochendes Salzwasser geben, bei schwacher Hitze garen, nach 10 Minuten Bohnenkraut herausnehmen. Die garen Bohnen abtropfen lassen. Mehl und Zwiebel in Butter anschwitzen, Brühe und Bohnenwasser angießen, Sauce 10 Minuten durchkochen, die Bohnen hineingeben. Mit Salz, Pfeffer und Petersilie abschmecken.

Abwandlung: Zarte Prinzeßbohnen nicht mit Sauce zubereiten, sondern mit zerlassener Butter übergossen anrichten. Nach Belieben auch mit Reibkäse bestreuen.

Herzhaftes Zwiebelgemüse

40 g Räucherspeck
20 g Butter
250 g Zwiebeln
2 Tomaten
⅛ l Milch
Salz
Zucker
schwarzer Pfeffer
1 Prise Thymian
1 EL Zitronensaft
50 g Edamer im Stück

Speck in Würfel schneiden, in heißer Butter glasig dünsten. Zwiebeln in Ringe, Tomaten in Würfel schneiden (nach Belieben überbrühen und abziehen), beides 10 Minuten in der Butter und dem Speckfett schmoren, dann Milch zugießen, mit Salz, Zucker, Pfeffer und Thymian würzen und zugedeckt 10 Minuten bei schwacher Hitze weiterschmoren. Zitronensaft und geraffelten Käse zugeben, nochmals abschmecken. Zum Zwiebelgemüse Frikadellen reichen.

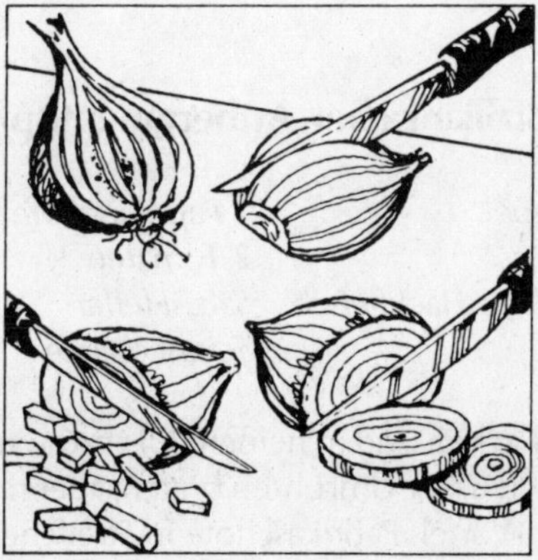

Gefüllte Paprikaschoten

2 große oder 4 kleine Paprikaschoten
200 g gemischtes Hackfleisch
1 Ei
1 altbackene Semmel (oder ein Rest von garem Reis)
1 kleine Zwiebel
Salz, Pfeffer
1 Päckchen Tomatensauce

Paprikaschoten waschen, Deckel abschneiden, Scheidewände und Kerne vorsichtig herausschälen. Hackfleisch mit Ei, eingeweichter und ausgedrückter Semmel oder Reis, gehackter Zwiebel, Salz und Pfeffer zu einem pikant abgeschmecktem Hackteig verarbeiten, die Schoten damit füllen und den Deckel aufsetzen. Tomatensauce nach Vorschrift zubereiten, in eine feuerfeste Form geben, die Paprikaschoten hineinstellen und bei schwacher Hitze im Backofen gar dünsten. Die Sauce nach Belieben abschmecken.

Sizilianischer Auberginentopf

1 kleine Zwiebel
2 EL Öl
200 g gemischtes Hackfleisch
1 Aubergine
1 Paprikaschote
2 Tomaten
Salz, Pfeffer
Tabascosauce

Zwiebel fein hacken und in heißem Öl anrösten, Hackfleisch dazugeben und unter Umrühren braten, aber nicht bräunen. Aubergine in Würfel, Paprikaschote in Streifchen schneiden, Tomaten überbrühen, abziehen (s. Zeichnung) und würfeln. Gemüse mit dem Hackfleisch mischen, würzen und etwa 30 Minuten schmoren lassen. Dazu passen Reis oder Nudeln.

Tomaten heiß überbrühen und abziehen

Gefüllte Auberginen

2 Auberginen
1 Zwiebel
½ EL gehackte Petersilie
½ TL getrocknetes Basilikum
Olivenöl
125 g Hackfleisch
½ Tasse gekochter Reis
1 Ei
knapp 1 EL Reibkäse
Pfeffer, Salz
1 Tasse Tomatensauce
Butterflöckchen
Reibkäse

Auberginen ungeschält der Länge nach halbieren und auf einem gefetteten Backblech etwa 8 Minuten im heißen Backofen dünsten. Das Fruchtfleisch vorsichtig herausschälen, fein hacken und mit gehackter Zwiebel, Petersilie und Basilikum mischen. Die abgekühlte Mischung mit Reis, Ei, Reibkäse, Pfeffer, Salz und etwas Tomatensauce vermengen, in die Auberginenhälften füllen. Butterflöckchen aufsetzen, Reibkäse aufstreuen und die Auberginen in einer feuerfesten Form mit Tomatensauce umgossen etwa 15 bis 20 Minuten im Ofen überbacken.

Praktische, vielseitige Auflaufformen

Artischockengemüse mit Fenchel

4 fleischige Artischocken
etwas Zitronensaft
1 Schalotte
20 g Butter
½ Glas Weißwein
1 EL Sahne
10 g Speisestärke
Salz, Pfeffer
1 Prise Fenchelpulver
Senf

Die Artischockenböden herauslösen und in mit Zitrone gesäuertem Wasser etwa 5 Minuten kochen. Abtropfen lassen, die Böden halbieren und das »Heu« entfernen. Die Böden in gleichmäßige Scheiben schneiden (etwa 4 Scheiben pro Hälfte). Das Kochwasser zu einem Sud einkochen lassen. Die Schalotte in einer tiefen Bratpfanne in Butter glasig dünsten, den Weißwein zugeben, einkochen lassen und nach und nach den Sud und die Sahne zugeben. Die Artischockenscheiben in dieser Sauce etwa 15 Minuten garen. Die Sauce mit Speisestärke binden, mit Salz, Pfeffer, einer Prise Fenchel, Senf und Zitronensaft würzen. Als Beilage zu hellem Fleisch (z. B. Kalb, Schwein, Poularde) reichen.

Zucchini mit Tomatensauce

2 Zucchini	*½ Dose Tomatensuppe*
Salz	*½ Tasse Wasser*
3 EL Öl	*4 EL süße Sahne*
50 g Reibkäse	*Majoran*

Zucchini schälen und in 1 cm dicke Scheiben schneiden, salzen und 5 Minuten ziehen lassen. Die Zucchinischeiben in einer Pfanne in heißem Öl hellbraun braten und dann lagenweise mit ¾ des Reibkäses in eine feuerfeste Form schichten. Tomatensuppe mit Wasser und Sahne verrühren, mit Majoran würzen und über die Zucchini gießen. Restlichen Reibkäse aufstreuen und die Zucchini 15 Minuten bei 220° C im vorgeheizten Ofen überbacken.

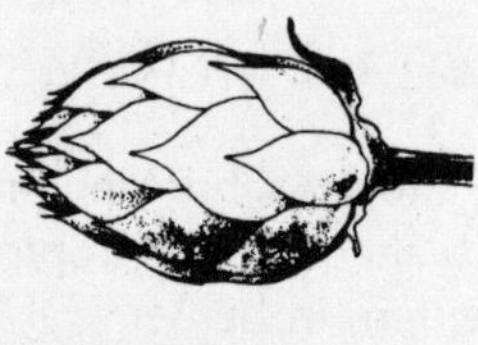

Chinesische Frühlingsröllchen

½ Packung tiefgefrorener Blätterteig
1 kleine Zwiebel
1 kleine Stange Lauch
100 g Champignons (Dose)
1 Dose Sojabohnenkeimlinge (125 g)
1 EL Öl
etwas Sojasauce
1 Prise Salz
1 Prise Pfeffer
etwas Knoblauchsalz
5 Toast-Scheibletten
1 Ei zum Bestreichen

Blätterteig auftauen lassen. Zwiebel fein würfeln, Lauch in Streifen schneiden, Pilze halbieren, Sojabohnenkeimlinge abtropfen lassen. Alles in heißem Öl 10 Minuten dünsten, mit Sojasauce, Salz, Pfeffer und Knoblauchsalz würzen. Käsescheiben würfeln. Blätterteig ausrollen, in 12×10 cm große Stücke schneiden. Teigränder mit verquirltem Ei bestreichen. Füllung auf den Teigstücken verteilen, die Käsewürfel daraufgeben. Aufrollen und die Enden andrücken. Auf ein mit Wasser abgespültes Blech legen, mit dem restlichen verquirlten Ei bestreichen und 20 bis 25 Minuten bei 225° C backen.

50-Minuten-Rezept

Überbackener Chinakohl

500 g Chinakohl
Salz
150 g Schweinefleisch
2 EL Öl
4 EL scharfes Ketchup
½ Becher süße Sahne
Salz, Pfeffer
60 g Streichschmelzkäse
1–2 EL Milch
1 Ei

Chinakohl in grobe Stücke schneiden, in kochendem Salzwasser 10 Minuten blanchieren, abtropfen lassen. Fleisch in feine Streifen schneiden, in heißem Öl knusprig anbraten. Alles in eine gefettete feuerfeste Form füllen. Ketchup mit

Sahne verquirlen, mit Salz und Pfeffer würzen und über den Chinakohl geben. Schmelzkäse mit Milch cremig schmelzen. Eigelb unter die etwas abgekühlte Masse rühren und das steif geschlagene Eiweiß vorsichtig unterziehen, Soufflémasse über den Chinakohl ziehen. In 25 bis 30 Minuten bei 225° C im vorgeheizten Ofen überbacken.

Schwarzwurzeln in Sahne

400 g Schwarzwurzeln
Essig
Salz
20 g Butter
20 g Mehl
4–6 EL Sahne
Streuwürze

Schwarzwurzeln bürsten, schaben und waschen, in kaltes Essigwasser legen (damit sie weiß bleiben) und dann fingerlange Stücke schneiden. Mit knapp ½ l Wasser aufsetzen, leicht salzen und etwas Essig hineingeben. Die Schwarzwurzeln bei mäßiger Hitze garen, aus der Brühe nehmen. Butter und Mehl hellgelb anschwitzen, mit etwa ¼ l Kochbrühe auffüllen, 10 Minuten bei schwacher Hitze kochen, Sahne hineinrühren, mit Salz, Streuwürze und Essig abschmecken und die Schwarzwurzeln in die Sauce hineingeben. Zu Salzkartoffeln und beliebigem Fleisch oder gekochtem Schinken reichen.

Kalbfleisch mit Spargel

30 g Butter
300 g feingewürfeltes Kalbfleisch
Salz
300 g Spargel
100 g Reis (auch Rest von garem Reis)
½ kleine Dose Champignons oder Pfifferlinge
Streuwürze

Butter im Topf zerlassen, Fleisch darin unter Umrühren anrösten, salzen, den geschälten und in Stücke geschnittenen Spargel dazugeben, mit gut ½ l Wasser oder Brühe auffüllen, bei starker Hitze bis zum sprudelnden Kochen bringen, bei schwacher Hitze zugedeckt weiterkochen. Nach 20 Minuten gewaschenen Reis hineingeben (garen Reis erst kurz vor der Fertigstellung), bei mäßiger Hitze weiterkochen und zuletzt die geschnittenen Pilze hinzufügen. Mit Salz und Streuwürze abschmecken.

Sauerkraut

350 g Sauerkraut
30 g Schweineschmalz
1 kleine Zwiebel
1 kleine rohe Kartoffel
etwas Salz
1 Prise Zucker

Schmalz im Topf zerlassen, gewürfelte Zwiebel darin anrösten, Sauerkraut (nicht waschen, nach Belieben etwas schneiden) hineingeben, kurze Zeit schmoren, dann wenig Wasser oder Brühe angießen und das Kraut bei mäßiger Hitze gar dünsten. Kurz vor der Fertigstellung Kartoffel hineinreiben, aufkochen, mit Salz und einer Prise Zucker abschmecken.

Abwandlungen: Würstchen, halbgar gekochtes Schweinefleisch, Räucherspeck, Schweinedickbein (Eisbein) oder Kasseler Rippenspeer an das fast fertige Sauerkraut geben, einige Zeit mitdünsten. Nach Belieben einige Wacholderbeeren mitdünsten. – Sauerkraut aus der Dose kommt mit einer kürzeren Dünstzeit aus.

Pilzrezepte

10-Minuten-Rezepte

Steinpilzschnitzel

300 g Steinpilze	*Salz, Pfeffer*
Mehl	*Semmelmehl*
1 Ei	*Butter zum Braten*

Steinpilze mit einem Tuch abreiben, am Fuß säubern, in zentimeterdicke Scheiben schneiden, waschen, abtrocknen, nacheinander in Mehl, mit Salz und Pfeffer verquirltem Ei und Semmelmehl wenden und in heißer Butter von beiden Seiten goldgelb braten. Mit Salat und Petersilienkartoffeln reichen.

Gedünstete Pilze

300–400 g Pilze	*Salz, Pfeffer*
½ kleine Zwiebel	*½ TL Speisestärke*
40 g Butter	*gehackte Petersilie*

Die Pilze säubern und blättrig schneiden. Zwiebel fein hacken, in Butter andünsten, die geschnittenen Pilze dazugeben, salzen, pfeffern und garen. Pilzsaft mit kalt angerührter Speisestärke binden und die Pilze mit Petersilie bestreut zu Kartoffelbrei oder Salzkartoffeln reichen. Sauce nach Belieben mit 1 bis 2 Eßlöffeln saurer Sahne verfeinern.

Speckpfifferlinge

65 g magerer Räucherspeck
etwas Margarine
1 kleine Zwiebel
250 g Pfifferlinge
1 TL Speisestärke
Salz, Pfeffer
gehackte Petersilie

Räucherspeck würfeln, mit Margarine anbraten, feingeschnittene Zwiebel und geputzte, gewaschene und nach Belieben geschnittene Pfifferlinge dazugeben, etwa 15 Minuten zugedeckt im eigenen Saft schmoren. Mit kalt angerührter Speisestärke binden, mit Salz und Pfeffer abschmecken. Vor dem Auftragen gehackte Petersilie darüberstreuen. Mit grünem Salat und Kartoffeln zu Tisch geben.

Champignons in Marsala

250 g frische Champignons
Salz
etwas Mehl
40 g Butter
etwas Fleischbrühe
1 Glas Marsala

Champignons putzen, halbieren und in wenig gesalzenem Wasser halbgar kochen, dann abtropfen und trocknen lassen. Die Pilze in Mehl wenden, in heißer Butter auf kleiner Flamme bräunen und vollends garen. Fleischbrühe mit Marsala mischen, erhitzen und die Pilze hineingeben. Zu körnig gekochtem Reis reichen.

Reis und Teigwaren

Reiskochen ist eine Kunst, die vor allem in den fernöstlichen Reisländern in hohem Ansehen steht. Wenn man diese Kunst zu beherrschen lernen will, muß man zuerst einmal zwischen dem körnig kochenden Langkornreis (Patna, Carolina) und dem weicher kochenden Rundkornreis (Italien, Afrika, Spanien) unterscheiden. Langkornreis eignet sich besonders als Beigabe; Rundkornreis nimmt man zu Milchreis, Risotto und ähnlichen Speisen. Seit die Industrie den Kochbeutel erfunden hat, braucht man den Reis vor dem Kochen nicht einmal mehr in die Hand zu nehmen. Eine Zeitersparnis ist damit allerdings nicht verbunden.

In der Teigwarenküche lassen sich keine verbindlichen Zeitangaben für die einzelnen Rezepte machen. Es kommt nämlich ganz darauf an, welche Nudelsorte man einkauft. Suppeneinlagen brauchen zum Beispiel 7 bis 8 Minuten, Fadennudeln 4 bis 5 Minuten, Schnittnudeln 6 bis 8 Minuten. Makkaroni sind dagegen erst in etwa 12 bis 15 Minuten gar. Grundregel also: Je weniger Zeit zur Verfügung steht, desto dünner oder dünnwandiger sollen die Nudeln sein. Das gilt auch für die selbstbereiteten Hausmachernudeln. Wer weichere Nudeln den bißfesten (»al dente« nennt es der Italiener) vorzieht, muß noch ein paar Kochminuten zugeben.

Reis als Beilage

125 g Langkornreis *Salz*

Gut 1 l leicht gesalzenes Wasser zum Kochen bringen, den in kaltem Wasser gewaschenen Reis hineinschütten, das Wasser zugedeckt wieder zum Kochen bringen und in etwa 15 Minuten bei mittlerer Hitze den Reis garen, als Beilage anrichten.

Verfeinerungen: Reis mit Butter und ½ Eßlöffel Reibkäse mischen (Käsereis);
Reis nicht in Wasser, sondern in ¾ l Fleischbrühe gar quellen lassen (Brühreis).

Reisreste über Wasserdampf erwärmen

Risotto

125 g Reis
½ kleine Zwiebel
30 g Butter oder Öl
¼ l Fleischbrühe

Zwiebel feinschneiden, in Butter oder Öl hellgelb andünsten, den trockenen Reis dazugeben und unter Umrühren glasig rösten. Fleischbrühe angießen, den Reis unter Umrühren aufkochen, dann zugedeckt in 18 Minuten auf kleiner Flamme gar quellen lassen.

Verfeinerungen: fertigen Risotto mit einem Stich frischer Butter und 20 g Reibkäse mischen (Käse-Risotto);
½ Teelöffel Curry vor dem Auffüllen über den glasigen Reis streuen (Curry-Risotto);
50 g gedünstete, geschnittene Champignons mit dem zubereiteten Curryreis mischen (Champignon-Risotto).

Reis mit Erbsen
(Risipisi)

125 g Reis
30 g Butter oder Öl
gut ¼ l Fleischbrühe
200 g Dosenerbsen
Salz
1 Prise Zucker
Petersilie

Reis, Butter und Fleischbrühe zu Risotto verarbeiten, die abgetropften Erbsen hineingeben, nach Belieben etwas Erbsenbrühe hinzufügen, mit Salz und Zucker abschmecken, vorsichtig umrühren, heiß werden lassen und mit gehackter Petersilie zu Tisch geben.

Leber-Risotto

250 g Reis
1 Zwiebel
2 EL Olivenöl
1 EL Tomatenmark
¾ l Wasser
Salz
200 g Kalbs- oder Schweineleber
Mehl
etwas Salbei
Reibkäse

Reis mit einem sauberen Tuch abreiben, mit der feingeschnittenen Zwiebel in 1 Eßlöffel Öl glasig dünsten. Tomatenmark zugeben, Wasser angießen, salzen und den Reis im offenen Topf unter Umrühren mit der Gabel körnig weich kochen. Leber vorbereiten, in feine Stückchen schneiden, in Mehl wenden, mit etwas Salbei bestreut im restlichen Öl gar braten, mit dem fertigen Risotto mischen und mit Käse bestreut anrichten.

Milchreis

125 g Rundkornreis
¾ l Milch
1 Prise Salz
½ Päckchen Vanillezucker
nach Belieben Zucker

Milch mit Salz und Vanillezucker zum Kochen bringen, den gewaschenen Reis hineinschütten, bei schwacher Hitze körnig weich quellen lassen. Nach Belieben zuckern oder mit Zucker und Zimt zu Tisch geben und etwas kalte Milch oder Sahne dazu reichen.

Abwandlungen: 50 g Rosinen waschen, überbrühen und mit dem Reis mischen;
Reis mit gebräunter Butter übergossen anrichten;
fertigen Reis mit 200 g gedünsteten, gezuckerten Äpfeln vermischen (Apfelreis);

Reis mit beliebigen anderen gedünsteten Früchten (entsteinte Kirschen, Mandarinorangen, Birnen, Pfirsiche, Ananas) mischen und zuckern, mit Weinsauce zu Tisch geben (Früchtereis).

40-Minuten-Rezept

Süßer Reisauflauf

Milchreis aus
125 g Reis und ¾ l Milch
30 g Butter
30 g Zucker
½ Päckchen Vanillezucker
2 Eier
Früchte zum Belegen

Milchreis am Abend vorher zubereiten. Am nächsten Tag Butter sahnig rühren, Zucker, Vanillezucker und Eigelb dazugeben, die Masse schaumig rühren. Nach und nach den kalten Reis dazugeben, gut vermengen, zuletzt steif geschlagenes Eiweiß unterheben. Die Masse in eine gefettete feuerfeste Form füllen, bei Mittelhitze in etwa 30 Minuten überbacken. Mit gedünsteten Früchten belegt zu Tisch geben.

60-Minuten-Rezept

Pilaw

125 g Reis
30 g Butter
3/8 l Fleischbrühe
Salz

Reis waschen, mit kochendem Wasser überbrühen, kurze Zeit stehen lassen, dann abgießen, in die heiße Butter geben, kurz andünsten, mit Brühe auffüllen, salzen. Etwa 20 Minuten bei mäßiger Hitze kochen, dann zugedeckt in den heißen Backofen stellen und 30 Minuten gar quellen lassen. Als Beigabe zu geschmortem Fleisch reichen.

Verfeinerung: Brühe vor dem Auffüllen mit 1 Messerspitze Safran ziehen lassen, durchsieben. Oder: fertigen Pilaw mit 1 bis 2 Eßlöffel abgezogenen, gehackten und in Butter angerösteten Mandeln mischen.

Teigwaren

10-Minuten-Rezepte

Makkaroni-Schüssel

200 g Makkaroni
Salz
150 g geschmortes oder gebratenes Fleisch mit Sauce (oder Dosenfleisch und Würfelsauce)
Reibkäse

Makkaroni in reichlich Salzwasser nach Vorschrift garen, abgießen und abtropfen lassen. Fleisch in Würfel schneiden, in der Sauce erhitzen (falls sie nicht ausreicht, mit Würfel-, Braten- oder Tomatensauce strecken), mit den Makkaroni mischen. Dazu Reibkäse reichen.

Makkaroni-Kasserolle

100 g gekochter Schinken
1 Zwiebel
30 g Butter
½ Dose Erbsen
125 g Makkaroni
1 Ecke Sahneschmelzkäse
⅛ l Milch
Pfeffer

Schinken in Streifen schneiden, mit der geschnittenen Zwiebel in Butter hellbraun braten, abgetropfte Erbsen dazugeben und zugedeckt bei schwacher Hitze 10 Minuten ziehen lassen. Inzwischen Makkaroni in leicht gesalzenem Wasser garen, abschrecken. Käse zerteilen, in heißer Milch schmelzen lassen, mit Pfeffer abschmecken, mit den Makkaroni mischen, die Schinken-Erbsen-Masse dazugeben. Mit grünem Salat reichen.

Spaghetti auf Mailänder Art

125 g Spaghetti
15 g Butter
1 Packung Tomatensauce
je 1–2 Scheiben Pökelzunge und gekochter Schinken
1 EL Champignons
Reibkäse

Spaghetti in leicht gesalzenes kochendes Wasser geben und in 10 bis 12 Minuten garen, abtropfen lassen, in einer vorgewärmten Schüssel mit Butter mischen. Sauce nach Vorschrift zubereiten, mit streifig geschnittener Zunge und Schinken und in Scheiben geschnittenen Champignons vermengen. Sauce und Reibkäse gesondert zu den Spaghetti reichen.

Spaghetti Carbonara

200 g Spaghetti
Salz
½ Bund Petersilie
40 g durchwachsener Speck
1 Knoblauchzehe
20 g Butter
4 EL Sahne
2 Eier
2 Eigelb
3 EL Reibkäse
frisch gemahlener schwarzer Pfeffer

Spaghetti in leicht gesalzenem Wasser garen, auf ein Sieb geben, abschrecken und abtropfen lassen. Petersilie hacken, Speck fein würfeln. Knoblauch 3 Minuten in heißer Butter braten, dann herausnehmen. Speckwürfel in der Butter 5 Minuten glasig braten, Sahne zugeben, gut durchrühren, die Mischung kurz aufkochen. Eier und Eigelb mit Petersilie und Reibkäse verquirlen. Spaghetti in die Speck-Sahne-Mischung geben, die Eier darübergießen, gut durchmischen, mit Salz abschmecken und in einer vorgewärmten Schüssel mit Pfeffer bestreut anrichten.

Sizilianische Bandnudeln

175 g Bandnudeln in leicht gesalzenem Wasser garen, abschrecken und abtropfen lassen. 150 g Geflügelleber hacken, in Butter garen, salzen und mit den heißen Nudeln vermischen. Mit Käse bestreut anrichten.

Eiernudeln mit Hackfleischsauce

40 g Räucherspeck
½ Zwiebel
150 g Hackfleisch
1 Päckchen Tomatensauce
Reibkäse
125 g Eiernudeln
Salz

Speck- und Zwiebelwürfel kurz andünsten, Hackfleisch dazugeben, kurz mitdünsten, mit der nach Vorschrift bereiteten Tomatensauce übergießen und aufkochen lassen. Eiernudeln in 8 bis 9 Minuten in 1 l leicht gesalzenem kochendem Wasser garen, abschrecken und abtropfen lassen, mit der Sauce und mit Reibkäse reichen. Dazu grüner Salat oder Endiviensalat.

30-Minuten-Rezepte

Nudeln mit Eiern und Schinken

125 g Bandnudeln
Salz
50 g Schinken
20 g Butter
2 Eigelb
30 g Reibkäse

Nudeln in leicht gesalzenem Wasser in etwa 15 Minuten bißfest garen, auf ein Sieb geben, abschrecken und abtropfen lassen. Schinken in Würfel schneiden, in heißer Butter in einem Topf 3 Minuten anbraten. Eigelb verquirlen, zum Schinken geben und stocken lassen. Nudeln mit der Schinken-Eigelb-Masse vermischen, in eine vorgewärmte Schüssel geben und mit Reibkäse bestreuen.

Leberspätzle

125 g Kalbsleber
1 feingehackte Zwiebel
1 EL gehackte Petersilie
2 Eier
80 g Semmelmehl
Salz
Majoran
abgeriebene Schale einer Zitrone
½ l Fleischbrühe

Leber vorbereiten, durch den Fleischwolf drehen, mit Zwiebel, Petersilie, Eiern und Semmelmehl zu einem geschmeidigen Teig verarbeiten, mit Salz, Majoran und Zitronenschale würzen. Den Teig durch ein Spätzlesieb in die kochende Fleischbrühe drücken und in der Brühe garen.

60-Minuten-Rezept

Hausmachernudeln

150 g Mehl
1 Ei
Salz
etwas Wasser

Mehl auf das Nudelbrett sieben, in die Mitte eine Vertiefung drücken, die übrigen Zutaten hineingeben und kräftig verkneten. Den Teigkloß halbieren, 15 Minuten ruhen lassen, dünn ausrollen, kurz antrocknen lassen, dann zusammenrollen und beliebig breite Nudeln schneiden. Die Nudeln auseinanderziehen, trocknen lassen, in leicht gesalzenes kochendes Wasser geben und in etwa 10 Minuten garen, dann abschrecken und als Beigabe zu geschmortem Fleisch oder Kompott reichen.

Abwandlungen: Das Grundrezept können Sie vielseitig variieren, indem Sie weitere Zutaten in den Teig einarbeiten.
1 Eßlöffel feinpürierten rohen Spinat für Grüne Nudeln;

1 bis 2 Eßlöffel gemischte, feingewiegte Kräuter für Kräuternudeln.
Hausmachernudeln lassen sich auch gut aufbewahren. Luftdicht verschlossen halten sie 3 bis 4 Wochen.

Nudeln unter fließendem Wasser abschrecken

Nachtisch – süß und fruchtig

Die süße Nachspeise soll so etwas wie ein beschwingter, duftiger Schlußpunkt sein – hier empfiehlt es sich nicht, schweres Geschütz aufzufahren. Obst ist deshalb besonders gut geeignet als Nachspeisen-Grundlage. In irgendeiner Erscheinungsform steht es das ganze Jahr über zur Verfügung, und außerdem kann man auch noch auf Konserven zurückgreifen, die in reicher Vielfalt angeboten werden.
Eis liefert die Tiefkühltruhe, wenn man sich nicht selbst die Zeit nehmen will, im Eisfach des Kühlschranks welches zuzubereiten – es dauert zwei bis drei Stunden.
Und dann gibt es noch das ganze umfangreiche Arsenal der Puddingpulver-Industrie. Neben den gekochten Puddingspeisen haben sich auch die kalt geschlagenen Süßspeisen durchgesetzt.
So oder so – die Nachspeise braucht auch bei Zeitmangel nicht zu fehlen, und wenn der Kochplan wirklich keine freie Minute mehr aufweist, tut es auch ein aus der Hand gegessener Apfel, eine Weintraube, eine Handvoll Kirschen oder eine Apfelsine.

10-Minuten-Rezepte

Frische Feigen mit Ingwersahne

8 frische Feigen
1 Glas Kirschwasser
⅛ l Sahne
Zucker
Ingwerpulver

Feigen waschen, abtupfen und bis zur Verwendung in den Kühlschrank stellen. Die Feigen kreuzweise aufschneiden und Kirschwasser hineinträufeln. Sahne mit Zucker und Ingwer steif schlagen. Feigen auf zwei Glasteller verteilen und mit der Ingwersahne garnieren.

Gefüllte Kiwis

4 Kiwis
100 g körniger Frischkäse (Jocca)
Cocktailkirschen

Kiwis halbieren, Fruchtfleisch mit einem Teelöffel herauslösen, in eine Schüssel geben und mit einer Gabel zerdrücken, dann mit Frischkäse verrühren, in die Kiwischalen füllen und mit Kirschen garnieren.

Gedünstetes Obst
(Kompott)

250 g Heidelbeeren, Erdbeeren, Aprikosen, Himbeeren, Johannisbeeren oder Kirschen, Zucker nach Bedarf

Früchte vorbereiten (verlesen, entsteinen, zerkleinern – je nach Obstart), einzuckern, Saft ziehen lassen, zum Kochen bringen und bei schwacher Hitze weich dünsten. Nach Belieben nachzuckern. Bei Heidelbeeren etwas Zitronenschale mitdünsten, Kirschen mit Vanillezucker verfeinern.

Quark-Fruchtkaltschale

150–200 g Sahnequark
1–2 EL Dosenmilch
Zitronensaft
Zucker
½ kleine Dose Mirabellen
100 g frische, eingezuckerte Erdbeeren (oder Erdbeeren aus der Dose)
etwas geriebener Pumpernickel

Quark mit Dosenmilch, einigen Eßlöffeln Mirabellensaft, Zitronensaft und Zucker (möglichst im Mixer) glatt schlagen. Die Früchte auf Portionsteller verteilen und mit Quarkmasse übergießen. Mit geriebenem Pumpernickel bestreut anrichten.

Sauerkirsch-Kaltschale

125 g Magerquark
1 EL süße Sahne oder Dosenmilch (10 %)
3 EL Wasser
1 TL Nesquik
250 g Sauerkirschen ohne Steine
½ Päckchen Vanillezucker
1 EL Weizenkeime

Quark mit Sahne oder Dosenmilch, Wasser und Nesquik gut verrühren, die Sauerkirschen untermischen. Auf Portionsschüsselchen verteilen, etwas Vanillezucker und Weizenkeime aufstreuen.

Kirsch-Sahne-Becher

½ Dose Kirschen
bei Bedarf etwas Zucker
Maraschino
⅛ l Schlagsahne
Zucker

Kirschen entsteinen, bei Bedarf etwas nachzuckern, mit Maraschino aromatisieren. Sahne steif schlagen und süßen. Abwechselnd Kirschen und Sahne in hohe Gläser füllen, etwas Kirschsaft dabei auf die unterste Kirschschicht geben. Kalt servieren.

Abwandlung: Beliebiges anderes Dosenobst verwenden, beispielsweise Heidelbeeren, Pfirsiche, Pflaumen oder Erdbeeren, auch mehrere Sorten gemischt. Mit Weinbrand, Rum oder einem passenden Likör aromatisieren.

Hollywood-Nachspeise

1 Grapefruit
je 1 EL geschnittene Apfelsinen, Bananenscheiben, Birnenwürfel und Weinbeeren, Walnußkerne
1 EL Mayonnaise
etwas Weinbrand

Grapefruit halbieren und aushöhlen. Gewürfeltes Grapefruitfleisch mit den übrigen zerkleinerten Früchten und den Walnußkernen mischen, Mayonnaise (nach Belieben mit Sahne verdünnen) darunterheben, die Masse auf die Grapefruitschalen verteilen, mit Weinbrand beträufeln, kalt zu Tisch geben.

Abwandlungen: Früchte in einer Sauce aus Zitronensaft, Öl, Salz, Pfeffer und Zucker marinieren oder mit ungeschlagener Sahne begießen.

Karamel-Traum

3 Eigelb
25 g Zucker
⅛ l Weißwein
1 Gläschen Weinbrand
1 EL Pulverkaffee
4 EL Karamel-Eis
Löffelbiskuits

Eigelb im Topf mit Zucker schaumig rühren, Wein, Weinbrand und Kaffee untermischen und die Masse bei schwächster Hitze oder im Wasserbad schlagen, bis sie dicklich wird. Das Karamel-Eis auf zwei hohe Gläser verteilen, heiße Kaffeecreme darübergießen und sofort mit Löffelbiskuits servieren.

Schokoladenschaum
(Mousse au chocolat)

125 g bittere Schokolade
1 Prise Pulverkaffee
2 Eigelb
2 EL süße Sahne
1 EL Zucker
2 Eiweiß

Schokolade raspeln, mit Kaffee und 2 Teelöffeln Wasser mischen, im Wasserbad unter ständigem Rühren schmelzen lassen. Eigelb mit Sahne und Zucker verquirlen, unter die etwas abgekühlte Schokoladenmasse mischen, nicht mehr erhitzen. Eiweiß sehr steif schlagen und gleichmäßig unterziehen, die Mousse auf zwei Stielgläser verteilen und gut gekühlt reichen.

Apfelsinen »Monte Rosa«

2 große Apfelsinen
1 rote Paprikaschote
⅛ l Schlagsahne
Zucker
Ingwer
Zitronensaft
Paprikapulver

Von den Apfelsinen einen Deckel abschneiden und vorsichtig aushöhlen, Schalenrand zackenförmig beschneiden. Apfelsinenfleisch in Stückchen schneiden und abwechselnd mit Würfelchen der von Kernen und Scheidewänden befreiten Paprikaschote in die Schalen füllen. Sahne mit wenig Zucker steif schlagen, mit gemahlenem Ingwer und Zitronensaft pikant abschmecken, die Apfelsinen damit garnieren, den Rest gesondert reichen. Die Sahne mit etwas Paprikapulver bepudern.

Tuttifrutti pikant

1 Apfel
Zitronensaft
1 Aprikose
einige Kirschen oder Weintrauben und Mandarinenspalten
Olivenöl
Zitronensaft
Salz, Pfeffer
1 Prise Zucker

Apfel schälen und in feine Scheiben schneiden, mit Zitronensaft beträufeln. Aprikose entsteinen und fein würfeln, Kirschen oder Weintrauben von Kernen befreien und zusammen mit den Mandarinen in hohe Gläser schichten. Aus 3 Teilen Öl, 1 Teil Zitronensaft, Salz, Pfeffer und Zucker eine Marinade anrühren und die Früchte damit begießen. Gekühlt zu Tisch geben.

Früchtecocktail

Je ½ kleine Dose Pflaumen, Birnen und Preiselbeeren
Zitronensaft
1–2 EL Weinbrand
etwas Zucker
⅛ l süße Sahne

Früchte abtropfen lassen, Pflaumen bei Bedarf entsteinen. Etwa ⅔ des Fruchtsaftes mit Zitronensaft, Weinbrand und Zucker abschmecken, mit den Früchten vermengen, durchziehen lassen. Das Obst in hohen oder flachen Sektgläsern anrichten, mit der ungeschlagenen Sahne übergießen. Nach Belieben kleine Makronen dazu reichen.

Apfelkompott

350 g Äpfel
etwas Wasser
50 g Zucker
etwas Zitronenschale
Weißwein
Zimt

Äpfel schälen, vom Kerngehäuse befreien, in Scheiben schneiden, mit wenig Wasser, Zucker und Zitronenschale nicht zu weich dünsten, herausnehmen. Den Sud etwas einkochen, mit Weißwein abschmecken, über die Äpfel gießen und mit Zimt würzen.

Abwandlung: Apfelsud mit wenig kalt angerührter Speisestärke binden.

Pflaumengrütze

250 g Pflaumen
1 Stück Zimt
40 g Speisestärke
Zucker nach Geschmack
Zitronensaft

Pflaumen entsteinen und halbieren, mit Zimt in ¼ l kochendes Wasser geben und 5 Minuten kochen, dann den Saft abgießen und auf ⅜ l mit Wasser auffüllen. Mit kalt angerührter Speisestärke verrühren, aufkochen, mit Zucker und Zitronensaft abschmecken, die Pflaumen damit vermengen, in eine ausgespülte Glasschüssel füllen und kalt werden lassen.

30-Minuten-Rezept

Apfel-Beignets

125 g Mehl	*350 g Äpfel*
1 Ei	*2 EL Rum*
knapp ⅛ l Bier	*Backfett*
1 TL Öl	*Zucker*
1 TL Zucker	*Zimt*

Mehl mit Ei, Bier, Öl und Zucker zu einem dickflüssigen Ausbackteig verarbeiten, etwas stehen lassen. Äpfel waschen,

Äpfel mit dem Ausstecher aushöhlen

Apfelringe durch den Ausbackteig ziehen

In das vorher erhitzte Fett geben und backen

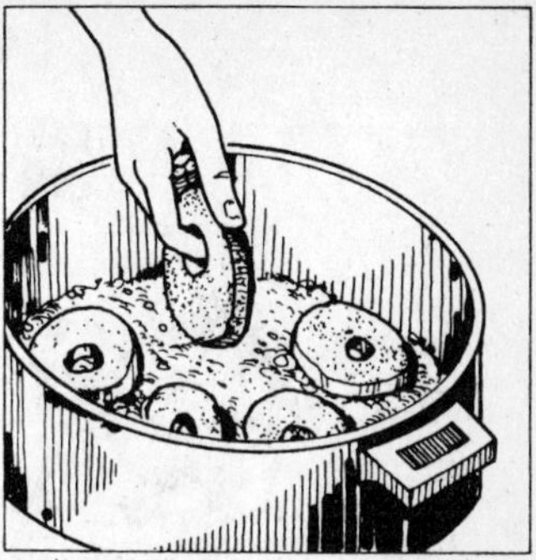

schälen und vom Kernhaus befreien, in etwa 1 cm dicke Scheiben schneiden, mit Rum beträufeln. Die abgetropften Scheiben in den Ausbackteig tauchen und in heißem Fett schwimmend goldgelb backen, in Zucker und Zimt wenden und warm servieren.

Mit Eis gezaubert

10-Minuten-Rezepte

Eisbecher Margarete

1 EL tiefgefrorene Erdbeeren
2 Pfirsichhälften (Dose)
4 EL Sahne
½ Päckchen Vanillezucker
6 Kugeln Erdbeereis

Erdbeeren auftauen, aber kühl halten. Pfirsichhälften abtropfen lassen. Sahne mit Vanillezucker steif schlagen. Je drei Kugeln Eis in zwei flache Schalen geben, mit Pfirsichhälften zudecken, Sahnehauben aufsetzen und mit Erdbeerkränzchen garnieren.

Eisbecher Dänemark

6 Kugeln Vanilleeis vom Konditor
4 EL Schokoladensirup
Cocktailkirschen

Vanilleeis auf zwei flache Schalen oder Kelchgläser verteilen, mit kaltem oder auch erhitztem Schokoladensirup überziehen, Cocktailkirschen als Garnierung auflegen.

Vanilleeis mit heißen Aprikosen

½ Dose Aprikosen
2 EL Apricot Brandy
½ Haushaltspackung Vanilleeis
1 EL gehobelte Mandeln

Aprikosen abtropfen lassen, in Streifen schneiden, in den erhitzten Saft geben und mit Apricot würzen. Eis auf zwei Glasteller verteilen, die heißen Aprikosen ringsherum anordnen und mit gehobelten Mandeln bestreuen.

Eisbecher Margot

Je 2 EL tiefgefrorene Himbeeren, Heidelbeeren und Erdbeeren
1/8 l Sahne
1 TL Vanillezucker
1/2 Packung Fürst-Pückler-Eiscreme (150 g)
1 EL Cointreau

Beeren auftauen lassen, aber kühl halten. Sahne mit Vanillezucker steif schlagen. Eiscreme in Würfel schneiden, abwechselnd mit den Beeren in 2 Bechergläser schichten, mit Cointreau begießen. Sahnehauben aufsetzen und mit Erdbeeren garnieren.

Birne Hélène

1/2 Familienpackung Vanilleeis aus der Tiefkühltruhe
2 gedünstete Birnen aus der Dose
etwas geschlagene Sahne
65 g fertiger Schokoladensirup oder Kuvertüre

Vanilleeis auf zwei flache Glasschalen verteilen, mit halbierten Birnen belegen und mit Schlagsahne überziehen. Warmen Schokoladensirup oder zerlassene heiße Kuvertüre gesondert dazu reichen.

Pfirsich Melba

1/2 Familienpackung Vanilleeis aus der Tiefkühltruhe
2 gedünstete Pfirsiche aus der Dose
Himbeermark
etwas Schlagsahne

Vanilleeis auf zwei flache Gläser verteilen, mit halbierten Pfirsichen belegen, mit Himbeermark überziehen und mit Schlagsahne verzieren.

Melonensalat mit Vanilleeis

1 kleine Zuckermelone
1 EL Zucker
1 Weinglas Maraschino
½ Familienpackung Vanille-Eiscreme

Melone halbieren, Fruchtfleisch herauslösen, von Kernen befreien, in Stückchen schneiden, mit Zucker und Maraschino mischen. Melonenhälften schichtweise mit mariniertem Fruchtfleisch und Vanille-Eiscreme füllen.

Vanilleeis mit Sauerkirschen

(Cherries jubilant)

1½ EL Johannisbeergelee
1 TL Butter
1 Tasse Sauerkirschen ohne Steine
4 EL Kirschwasser
½ Familienpackung Vanille-Eiscreme

Gelee in der Flambierpfanne schmelzen lassen, Butter dazugeben und erhitzen, Kirschen in der Flüssigkeit heiß werden lassen. Kirschwasser angießen, erhitzen, entzünden und etwas abbrennen lassen. Eiscreme auf 2 Schalen oder Stielgläser verteilen und die heißen Kirschen daraufgeben. Dann sofort servieren.

Bäckerei ohne Zeitprobleme

»Zum Backen«, das kann man als landläufige Meinung hören, »braucht man so viel Zeit, daß es sich im kleinen Haushalt gar nicht lohnt, damit anzufangen.« Bei näherer Betrachtung des einschlägigen Rezeptgutes zeigt sich bald, daß dieses Urteil ein Vorurteil ist. Es gibt eine ganze Reihe leckerer Bäckereien, die in weniger als 60 Minuten fertiggestellt werden können – die folgenden Seiten nennen einige erprobte Beispiele. Selbstverständlich wird man sich nicht mit Hefeteig, komplizierten Rührteigen und umständlich zu garnierenden Torten aufhalten, wenn die Zeit drängt.
Aber ein paar Waffeln, ein Teller voll Räderkuchen, bei feierlichen Anlässen einige Windbeutel oder eine Obsttorte aus Knetteig – das kann man sich auch leisten, wenn man keine Lust und Zeit hat, stundenlang in der Küche zu stehen. Arbeitserleichternd wirken ein Handrührgerät oder ein Mixstab, die langwierige Rührvorgänge abkürzen und das Kneten zum Vergnügen machen. Wer über ein solches Gerät verfügt, wird in der Betriebsanleitung weitere wichtige Tips finden, die die Arbeit verkürzen. Aus der Tiefkühltruhe gibt es für die häusliche Backstube fertigen Blätterteig, den man am Morgen zum Auftauen herausnehmen und mittags verarbeiten kann. Ungekühlt sind die fertigen Strudelblätter, aus denen man köstlichen Apfelstrudel bereiten kann. Wer es besonders eilig hat, greift auf fertige Backmischungen aus dem Paket zurück.

Vanillewaffeln

1 Paket Backmischung Rührkuchen
125 g Margarine
3 Eier
⅛ l Wasser
Puderzucker
1 Päckchen Vanillezucker

Backmischung nach Anleitung mit Margarine, den Eiern und Wasser verrühren. Waffeleisen leicht einfetten und vorheizen (mittlere Hitze einstellen). Pro Waffelboden 2 Eßlöffel Teig auf das heiße Waffeleisen geben, das Eisen zuklappen, den Waffelboden in etwa 2 Minuten braun backen und auf einem Kuchenrost etwas auskühlen lassen. Puderzucker und Vanillezucker mischen und die Waffeln damit bestäuben.

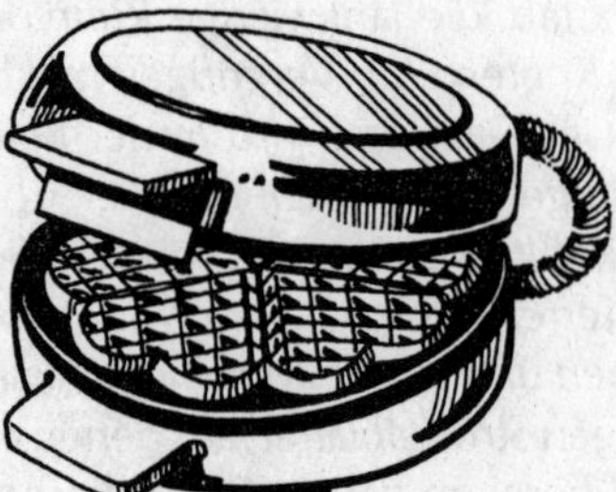

Zimtwaffeln

75 g Butter
30 g Zucker
½ Päckchen Vanillezucker
2 Eier
150 g Mehl
1 TL Backpulver
4 EL lauwarmes Wasser
1 TL Zimtpulver

Butter mit Zucker und Vanillezucker schaumig rühren, die Eier unterarbeiten, dann abwechselnd Mehl mit Backpulver und Wasser dazugeben; zuletzt den Zimt hineinrühren. Portionsweise Waffeln im gefetteten Waffeleisen backen und heiß oder kalt reichen.

Räderkuchen

250 g Mehl
knapp 1 gestrichener TL Backpulver
50 g Zucker
½ Päckchen Vanillezucker
abgeriebene Zitronenschale
2 Eier
1 EL Rum
65 g Butter
Backfett
Puderzucker

Mehl mit Backpulver mischen und auf ein Backbrett sieben, die übrigen Zutaten einschließlich der Butter dazugeben und alles zu einem glatten Knetteig verarbeiten. Den Teig 3 mm dick ausrollen, 3×10 cm große Rechtecke ausradeln, in der Mitte einen Schlitz machen und ein Ende des Teigstreifens durchziehen. In heißem Fett schwimmend goldgelb backen, abtropfen lassen und mit Puderzucker besieben.

Biskuitwaffeln

5 Eier
100 g Zucker
5 EL süße Sahne
125 g Mehl
1 Msp Backpulver
1 EL Kirschwasser
Puderzucker

Eier mit Zucker und Sahne im Wasserbad schaumig schlagen, nach und nach das mit Backpulver gemischte Mehl und das Kirschwasser dazugeben. Sofort portionsweise Waffeln im vorgeheizten Waffeleisen backen und noch heiß mit Puderzucker besieben.

Bunte Obsttorte

1 Tortenboden
ca. 500 g Früchte
(z. B. Pfirsiche, Kirschen und Himbeeren oder Ananas, Bananen und Aprikosen)
1 Päckchen Tortenguß
Semmelmehl
nach Belieben Mandeln
Schlagsahne

Tortenboden mit Semmelmehl bestreuen. Weiche Früchte (Himbeeren, Bananen) roh verwenden, festere Früchte dünsten, gut abtropfen lassen. Die zerteilten Früchte auf dem Tortenboden anordnen, mit dem nach Vorschrift bereiteten Tortenguß überziehen, nach Belieben mit blättrig geschnittenen Mandeln und Schlagsahne garnieren oder Schlagsahne gesondert reichen.

Amerikanische Kringel
(Doughnuts)

1 Ei
100 g Zucker
⅛ l Milch
50 g Butter oder Margarine
250 g Mehl
2 TL Backpulver
abgeriebene Schale einer halben Zitrone
1 Prise Salz
Backfett
Puderzucker

Ei mit Zucker schaumig rühren, Milch und weiches Fett unterarbeiten, dann nach und nach das mit Backpulver gemischte Mehl dazugeben, mit abgeriebener Zitronenschale und wenig Salz würzen. Den Teig etwa 6 mm dick ausrollen, Kringel ausstechen und in heißem Fett schwimmend goldgelb backen, dann die Kringel in kochendes Wasser tauchen, abtropfen lassen und im vorgeheizten Backofen bei 180° C knusprig backen. Mit Puderzucker besieben.

Abwandlung: Die Kringel fettsparend im Kringelbäcker bereiten (Zeichnung).

Obsttörtchen

Teig wie zu Knetteig-Tortenboden
ca. 300 g frische oder gedünstete Früchte
Schlagsahne
nach Belieben Tortenguß

Knetteig (wie im nachstehenden Rezept beschrieben) in gefettete kleine Förmchen drücken. Bei etwa 200° C in 12 bis 15 Minuten backen, stürzen und auskühlen lassen. Mit Früchten belegen, nach Belieben mit Tortenguß überziehen und mit Schlagsahne garnieren. Weiches Obst (Erdbeeren, Himbeeren, Heidelbeeren, Bananen) roh verwenden, andere Obstarten dünsten oder Dosenobst nehmen.

Füllungen: Ananasecken und Mandarinenspalten;
Apfelspalten, Rosinen und Walnußkerne;
Mirabellen und Kirschen;
Apfelsinen- und Bananenscheiben;
Pfirsichschnitze und blaue Weinbeeren.

Törtchen können auf Vorrat gebacken und im Frischhaltebeutel vor dem Austrocknen bewahrt werden.

Knetteig-Tortenboden

180 g Mehl
½ gestrichener TL Backpulver
80 g Zucker
1 Päckchen Vanillezucker
etwas abgeriebene Zitronenschale
1 Prise Salz
1 Ei
80 g kalte Butter

Mehl und Backpulver auf das Backbrett sieben, in der Mitte eine Vertiefung eindrücken, Zucker, Vanillezucker, Zitronenschale, Salz und Ei hineingeben, mit der Hälfte des Mehls zu Brei verarbeiten. Das in Stücke geschnittene Fett darauflegen, mit Mehl zudecken und alles schnell zu einem geschmeidigen Teig verkneten. Eine Tortenbodenform fetten, mit dem Teig belegen (darauf achten, daß der vertiefte Rand mit Teig gefüllt wird), Teig mit der Gabel einstechen, den Tortenboden bei 200 bis 210° C in etwa 15 bis 20 Minuten backen, abkühlen lassen und mit beliebigem Obst belegen.

Biskuitrolle mit Konfitüre

4 Eier
100 g Zucker
1 Päckchen Vanillezucker
25 g Puderzucker
75 g Mehl
50 g Speisestärke
1 Msp Backpulver
ca. 250 g Konfitüre oder Marmelade
gehobelte Haselnüsse

Eier trennen; Eigelb mit 3 Eßlöffeln Wasser schaumig rühren, nach und nach Zucker und Vanillezucker dazugeben, die Masse cremig schlagen. Eiweiß mit Puderzucker zu steifem Schnee schlagen und auf die Eigelbcreme gleiten lassen. Mehl mit Speisestärke und Backpulver mischen und auf die Eiweißmasse sieben, vorsichtig unter die Creme heben. Teig auf ein mit Pergamentpapier belegtes Backblech streichen, bei 200 bis 220° C in 12 bis 15 Minuten backen. Auf ein mit Zucker bestreutes Stück Papier stürzen, das Backpapier mit kaltem Wasser anfeuchten und abziehen. Biskuit mit Konfitüre oder Marmelade bestreichen, sofort aufrollen, außen dünn mit Konfitüre überziehen und mit gehobelten Haselnüssen bestreuen.

Abwandlung: Biskuit mit einer Mischung aus 200 g geriebenen Haselnüssen, 100 g Honig, 1 Eßlöffel Rum und ⅛ l süßer Sahne füllen (Nußrolle).

Knetteig für Kleingebäck

250 g Mehl
1 gestrichener TL Backpulver
65 g Zucker
abgeriebene Zitronenschale
1 Ei
1 Päckchen Vanillezucker
1 Prise Salz
125 g Butter oder Margarine

Zutaten (siehe Knetteig-Tortenboden) verarbeiten, im Kühlschrank ruhen lassen und zu Kleingebäck wie folgt weiterverarbeiten: Teig dünn ausrollen, runde Plätzchen ausstechen, auf das gefettete Backblech legen, in 8 bis 10 Minuten bei 175 bis 200° C backen, jeweils zwei Plätzchen mit Konfitüre bestrichen zusammensetzen, in Vanillezucker wälzen; oder vor dem Backen mit verquirltem Eigelb bestreichen und mit gehackten Mandeln bestreuen.

40-Minuten-Rezepte

Rührteig-Teegebäck

180 g Butter oder Margarine
60 g Puderzucker
1 Päckchen Vanillezucker
Schale einer halben Zitrone
1 Eigelb
150 g Mehl
50 g Speisestärke
Kuvertüre

Fett sahnig rühren, nach und nach Puderzucker, Vanillezucker, Zitronenschale und Eigelb dazugeben und verrühren. Mehl mit Speisestärke mischen und portionsweise an den Teig geben. Den Teig in einen Spritzbeutel (Sterntülle) geben, Plätzchen auf ein gefettetes Backblech spritzen und 12 bis 15 Minuten bei 175 bis 195° C backen. Plätzchen noch heiß zur Hälfte mit Kuvertüre (im Wasserbad oder bei schwächster Hitze zerlassen) überziehen.

Beim Rührteig in das mit Zucker schaumig geschlagene Fett die Eier rühren

Das mit Backpulver gemischte Mehl unterrühren

Der fertige Teig für den Rührkuchen muß schwer reißend vom Löffel fallen

Windbeutel

¼ l Wasser
60 g Fett
1 Prise Salz
150 g Mehl
25 g Speisestärke
1 gestrichener TL Backpulver
4–6 Eier
Schlagsahne
Puderzucker

Wasser, Fett und Salz im Topf zum Kochen bringen, das mit Speisestärke gesiebte Mehl auf einmal hineinschütten, auf kleiner Flamme schnell zu einem glatten Kloß verrühren und unter weiterem Rühren ein bis zwei Minuten abbrennen, bis sich der Teig vom Topf löst und der Boden einen weißen Belag zeigt. Teig in eine Schüssel geben, Eier der Reihe nach damit verrühren, bis der Teig zu glänzen und in langen Spitzen vom Löffel abzureißen beginnt. Von diesem Zeitpunkt an keine weiteren Eier dazugeben. Mit dem Teelöffel Teighäufchen von 3 bis 4 cm Durchmesser (weite Abstände einhalten!) auf ein gefettetes, schwach bemehltes Backblech setzen. Bei 200 bis 220° C im vorgeheizten Ofen in etwa 25 bis 30 Minuten backen. Vorsichtig aus dem Ofen nehmen, etwas abkühlen lassen. Die noch warmen Windbeutel aufschneiden, nach dem Erkalten mit Schlagsahne füllen und mit Puderzucker besieben.

Eberswalder Spritzkuchen

Zutaten für den Teig wie bei Windbeutel
Ausbackfett
Puderzucker
Zitronensaft

Teig nach Vorschrift zubereiten, in den Spritzbeutel füllen und auf gefettetes Pergamentpapier Kränze mit 4 cm Durchmesser spritzen, vom Papier in das heiße Ausbackfett gleiten lassen und von beiden Seiten goldbraun backen. Nach dem Abtropfen mit einer Glasur aus Puderzucker und Zitronensaft (oder Rum) überziehen.

Englisches Ingwerbrot

200 g Mehl
100 g Zucker
150 g Butter oder Margarine
½ TL Ingwerpulver
1 Prise Salz
abgeriebene Schale je einer ungespritzten halben Orange und Zitrone
1 El feingehackte eingelegte Ingwerpflaumen
etwas Butter für das Backblech

Alle Teigzutaten zu einem streuselartig-trockenen Teig verarbeiten. Die Hälfte des Teiges ausrollen. Ein kleines Backblech (ca. 20×30 cm) fetten und den Teig darauf auslegen. Zweite Teighälfte wie Streusel auf dem ausgerollten Teig verteilen. 25 Minuten bei 225° C im vorgeheizten Ofen backen, etwas auskühlen lassen und in kleine Schnitten zerteilen.

Quarkstrudel in der Folie

Für den Teig:
150 g Mehl
1 Ei
1 Prise Salz
4 EL lauwarmes Wasser
1 EL Öl
etwas Butter
Puderzucker

Für die Füllung:
2 Eier
75 g Zucker
40 g Butter
abgeriebene Schale einer halben Zitrone
375 g Magerquark
2 EL Rosinen

Mehl auf ein Backbrett geben, in der Mitte eine Vertiefung eindrücken und alle anderen Teigzutaten hineingeben, rasch zu einem weichen Teig verarbeiten, 15 Minuten kühl gestellt ruhen lassen, dann auf einem Tuch ausrollen, vorsichtig ausziehen und mit zerlassener Butter bestreichen.
Für die Füllung Eigelb mit Zucker und Butter schaumig rühren, Zitronenschale und Quark einarbeiten, dann das steif geschlagene Eiweiß unterziehen und die Rosinen dazugeben. Füllung auf der Teigplatte verteilen, einrollen und die Enden zusammendrücken. Den Strudel in eine gebutterte Alufolie einschlagen und 30 Minuten bei 225° C backen. Etwas abkühlen lassen und mit Puderzucker bestreuen.

Spanische Sherryschnitten

4 Eier
100 g Zucker
50 g Mehl
2 TL Backpulver
100 g geriebene Mandeln
1 Schnapsglas Sherry
Butter für die Form
zum Tränken der Schnitten
2 Weingläser Sherry
100 g Zucker

Eier trennen; Eiweiß steif schlagen, Zucker unterarbeiten, dann das Eigelb hineinrühren und das mit Backpulver gemischte Mehl dazugeben. Mandeln mit Sherry mischen und vorsichtig mit dem Teig verrühren. Teig in eine gefettete Kastenform füllen und 25 bis 30 Minuten bei 200° C im vorgeheizten Ofen backen, etwas abkühlen lassen und stürzen. Den Kuchen in daumendicke Scheiben schneiden, diese vierteln. Zucker mit Sherry mischen und erhitzen, bis sich der Zucker gelöst hat. Die Kuchenschnitten satt mit der Sherry-Zucker-Lösung beträufeln.

Feine Orangenschnitten

1 Paket Mandelkuchen-Mischung
100 g Butter oder Margarine
1 Ei
6 EL Orangensaft
abgeriebene Schale von 2 ungespritzten Orangen

Belag:
¼ l Orangensaft
100 g Zucker
15 g Speisestärke
50 g Butter oder Margarine
Schale einer halben ungespritzten Orange

Fett mit Backmischung, Ei, Orangensaft und -schale cremig rühren, in eine mit gefetteter Alufolie ausgelegte rechteckige Form (etwa 20×30 cm) füllen und 30 bis 35 Minuten bei 175 bis 195° C backen. Kuchen in der Form etwas abkühlen lassen, stürzen und in 6×6 cm große Quadrate schneiden.
Für den Belag Orangensaft mit Zucker und Speisestärke glattrühren, unter ständigem Rühren einmal aufkochen lassen, Fett und Orangenschale unterrühren, die Creme abkühlen lassen und auf die Schnitten streichen.

Cremetorte mit frischen Limonen

1 Paket Cremetorte-Backmischung
3 Eier
50 ccm Wasser
⅛ l kalte Milch
60 g Butter
hauchdünn geschnittene Limonenscheiben zum Verzieren

Backmischung nach Anleitung zubereiten, in eine nur am Boden gefettete Springform (24 cm Durchmesser) füllen und 30 bis 35 Minuten bei 175° C backen, dann auskühlen lassen. Tortencreme nach Anleitung zubereiten. Torte einmal durchschneiden, mit ⅓ der Creme füllen. Mit der restlichen Creme Rand und Oberfläche bestreichen und garnieren (Tortenspritze). Mit dünnen Limonenscheiben verzieren.

Abwandlung: Limonenscheiben ersetzen durch kandierte Zitronenscheiben, Mandarinenspalten aus der Dose oder Ananasstückchen.

Apfelkuchen

Teig wie zu Knetteig-Tortenboden (S. 192)
400–600 g nicht zu saure Äpfel
etwas Semmelmehl
80 g Rosinen
Zucker und Zimt

Knetteig bereiten, eine gefettete Springform damit auslegen, nach Belieben einen niedrigen Rand formen (nicht unbedingt nötig), den Boden mehrmals mit der Gabel einstechen. Äpfel schälen, vom Kerngehäuse befreien, in Spalten schneiden und den mit Semmelmehl bestreuten Teig gleichmäßig und dicht damit belegen. Rosinen waschen und überbrühen, über die Äpfel streuen, nach Belieben noch 50 bis 100 g gehackte Mandeln aufstreuen. Bei etwa 200° C in 35 bis 45 Minuten backen, aus dem Ofen nehmen, mit Zimt und Zucker bestreuen, abkühlen lassen und aus der Form nehmen.

Pflaumenkuchen

Teig wie zu Knetteig-Tortenboden (S. 192)
400–600 g Pflaumen
Zucker und Zimt

Zubereitung wie Apfelkuchen. Den Kuchen noch heiß mit Zucker und Zimt bestreuen, abkühlen lassen; möglichst bald aus der Form nehmen, damit der Kuchen keinen Blechgeschmack annimmt.

Kalte Küche – festlich und bunt

Im allgemeinen versteht man unter Kalter Küche nur solche kalten Gerichte, die man seinen Gästen zugedacht hat. Diese Auffassung ist nicht ganz unberechtigt, denn das Herrichten und Garnieren der leckeren kleinen oder größeren Happen kostet nun einmal Zeit und viele Zutaten. Andererseits fragt es sich, warum man nur seine Gäste mit festlichen und bunten Kleinigkeiten erfreuen soll und nicht gelegentlich auch sich selbst. Für einen gemütlichen Abend zu zweit gibt es zahlreiche Möglichkeiten, die Kunst der Kalten Küche auch in kleinerem Rahmen auszuüben und zu erproben.

Viele Fertigprodukte erleichtern die Arbeit und helfen Zeit sparen: Schinken und Wurst, Fisch-, Fleisch- und Gemüsekonserven, fertige Salate, die man nach Belieben selbst abwandeln kann, raffinierte Würzsaucen und Dressings und mancherlei mehr. Wie wäre es mit einer selbst zusammengestellten Feinschmeckerplatte, dargeboten aus Anlaß des Hochzeitstages oder Geburtstages, zur Feier einer Beförderung oder zum Urlaubsabschluß?

Kalte Gerichte haben den Vorteil, daß man sie rechtzeitig vor dem festlichen Ereignis fertigstellen kann. Man ist nach Beginn der kleinen Feierlichkeit nicht mehr gestört, sondern braucht Salate und Platten, appetitliche Bissen und pikante Cocktails nur aus dem Kühlschrank zu holen und anzubieten. Diesen Vorteil sollten Sie nutzen.

Kalte Fleischplatte

Auf einer Platte gefällig anrichten: Scheiben von gekochtem und rohem Schinken, von Kasseler Rippenspeer und Roastbeef, von Zunge und Gänsebrust und von beliebigen Wurst- und Pastetensorten. Mit Spargelabschnitten, Pfeffergürkchen, gefüllten Oliven, Eischeiben, Petersiliensträußchen, Tomatenachteln und Silberzwiebeln garnieren. Dazu einen fertig gekauften Salat reichen, nach Belieben in ausgehöhlte Tomaten gefüllt, außerdem Butter und verschiedene Brotsorten.

Kleine Käseplatte

Verschiedene Käsesorten (zum Beispiel Emmentaler, Gouda, Port Salut, Roquefort, Camembert, Brie) auf einem Holzbrettchen anrichten, zur Selbstbedienung mit Käsemesser, verschiedenen Brotsorten (Weißbrot, Graubrot, Pumpernickel) und Butter (Röllchen oder Kugeln) zu Tisch geben. Nach Belieben kleine Käsehappen dazu reichen: Streichschmelzkäse oder Doppelrahm-Frischkäse glattrühren, mit Paprika, Curry, gehackten Kräutern, Kümmel, Würzsaucen, Tomatenmark, Meerrettich, gehackten Zwiebeln oder Gurken verrühren, pikant abschmecken und auf Kräcker oder kleine Pumpernickeltaler spritzen. Käseplatte mit Salzstangen und -brezeln und blauen Weintrauben garnieren.

Gänseleberbissen

Stangenweißbrot
Butter
Gänseleberpastete

Weißbrot nach Belieben buttern, mit dicken Scheiben Gänseleberpastete belegen, frisch zu Tisch geben.

Kaviarhappen

Stangenweißbrot
Butter
Zitronensaft
1 kleine Dose Kaviar

Brotscheiben mit Zitronenbutter (Butter schaumig rühren, Zitronensaft dazugeben, abkühlen lassen) bestreichen, dick mit Kaviar belegen. Nach Belieben Zitronenachtel dazu reichen.

Kleine Schlemmerplatte für Singles

50 g roher Schinken
½ hartgekochtes Ei
1 TL Krabben
Mayonnaise
Apfelsinenscheiben
Melonenwürfel
helle und dunkle Weintrauben
zur Sauce Zitronensaft, Honig, Paprika, Tomatenketchup

Schinken würfeln, auf einen Portionsteller geben, mit dem halben Ei belegen. Krabben waschen, abtropfen lassen, mit Mayonnaise überziehen und das Ei damit garnieren. Apfelsinenscheiben, Melonenwürfel und Weintrauben dazulegen. Zitronensaft mit Honig vermischen, mit Paprika und Ketchup lieblich-pikant abschmecken.

Beefsteak Tatar

250 g Tatar
2 Eigelb
knapp ½ TL Paprika
1 Zwiebel
1 TL Tomatenketchup
1 TL Senf
Salz, Pfeffer
Essig
Öl

Tatar in 2 Portionen teilen, zu flachen Klößchen geformt anrichten, in die Mitte Vertiefungen drücken und mit Eigelb besetzen. Übrige Zutaten in kleinen Schälchen dazu reichen. Am Tisch das Fleisch mit Ei und Würzzutaten (2 Gabeln verwenden) miteinander vermengen und beliebig abschmekken. Zu Bauernbrot servieren.

Kleine Schwedenplatte

Je 1 Dose Heringsfilet in Tomatensauce, Rollmöpse und Lachs
beliebiger Fisch- oder Krabbensalat
1 hartgekochtes Ei
2 Tomaten
1 Zwiebel
etwas Kaviar
Mayonnaise

Die Heringsfilets mit Eierachteln garnieren, den Rollmöpsen kleine Tomatenhütchen und Zwiebelringe aufsetzen, die Lachsscheiben rollen und mit Mayonnaise und Kaviar verzieren. Alles auf einer Platte anrichten und dazu verschiedene Brotsorten reichen.

Melone auf friesische Art

1 Ogen-Melone
150 g Nordseekrabben
1 TL Zitronensaft
Salz, Pfeffer
2 EL Mangosauce

Melone halbieren, Kerne entfernen und das Fruchtfleisch mit einem Löffel ausschälen, ohne die Schale zu verletzen. Krabben mit Zitronensaft beträufeln, salzen und pfeffern, mit dem geschnittenen Melonenfleisch vermischt in die Melonenhälften füllen und je 1 Eßlöffel Mangosauce darübergeben. Kühl servieren.

Krabben-Cocktail mit Joghurt

250 g Krabbenfleisch
1 EL Zitronensaft
Salz, Pfeffer
1 Orange
1 grüner Apfel
1 EL Weinbrand
1 Becher Joghurt
½ TL Senf

Krabbenfleisch abspülen und abtropfen lassen, mit Zitronensaft beträufeln, salzen und pfeffern. Orange schälen, in Würfelchen schneiden. Apfel waschen, ungeschält in Würfelchen schneiden, mit Weinbrand beträufeln. Cocktailzutaten mischen, den mit Senf gewürzten Joghurt darübergießen.

Hummercocktail

(4 Portionen)

1 Dose Hummerfleisch
je 1 kleine Dose Spargelköpfe und Champignons
125 g Mayonnaise
2 TL Tomatenmark
3 EL Dosenmilch
Saft einer halben Zitrone
Salz, Pfeffer
Zucker
gehackte Petersilie

Hummerfleisch in gleichmäßige Stücke schneiden, Spargel und Champignons beliebig teilen, in flache Gläser füllen. Mayonnaise mit Tomatenmark, Milch und Zitronensaft verrühren, mit Salz, Pfeffer und Zucker abschmecken, über die anderen Zutaten füllen und mit gehackter Petersilie bestreuen.

Abwandlung: Gemüse weglassen, Sauce aus Tomatenketchup, Sherry, Zitronensaft, Tabascosauce, Salz und Pfeffer anrühren und das Hummerfleisch auf grünen Salatblättern in flachen Schalen anrichten.

Zungencocktail »Vendôme«

Breite Gläser mit Salatblättern auslegen. Spargelspitzen aus der Dose und Streifen von Pökelzunge 10 Minuten in Weinbrand marinieren, auf den Salatblättern anrichten, mit Tomatenketchup beträufeln und kurz vor dem Anrichten noch mit etwas Weinbrand verfeinern.

Matjescocktail

Breite Gläser mit gewaschenen Salatblättern auslegen. Zarte Matjesfilets in Stücke schneiden; wenn sie sehr salzig sind, kurze Zeit in Milch legen, dann abtropfen lassen. Mayonnaise mit Worcestersauce, Kräuteressig und Weinbrand verrühren, mit Pfeffer abschmecken, mit gehackter Petersilie und Estragon verfeinern und auf die Gläser verteilen. Die Matjesstücke darauf legen, mit Tomatenketchup beträufeln und mit Zwiebelwürfelchen bestreuen. Kalt mit Zitronenscheiben zu getoasteten Weißbrotdreiecken reichen.

Jagdwurst-Käsesalat

100 g Jagdwurst
75 g Schweizer Käse
3 hartgekochte Eier

Marinade aus Öl, Zitronensaft, Senf, Salz, Zucker und Pfeffer

Wurst, Käse und Eier in kleine Würfel schneiden, mit der Marinade vermengen und gut durchziehen lassen. Mit Toast und Butter reichen.

Haiduckensalat

250 g grüne und rote Paprikaschoten
2 Tomaten
125 g gares Rindfleisch
½ Zwiebel

Mayonnaise
Dosenmilch
Salz
Chilisauce

Paprikaschoten von Scheidewänden und Kernen befreien, in feine Streifchen schneiden. Tomaten in Scheiben schneiden, Fleisch fein würfeln oder in Streifchen schneiden, Zwiebel fein hacken. Mayonnaise mit etwas Dosenmilch verdünnen, mit Salz und Chilisauce pikant abschmecken, die Salatzutaten damit vermengen und gut durchziehen lassen. Als erfrischenden Salat zum Kalten Büfett reichen.

Weitere Salatvorschläge siehe ab Seite 63.

Langustencocktail

1 kleine Dose Langustenfleisch
1 Grapefruit
1–2 hartgekochte Eier
70 g Mayonnaise
4 EL Sahne

Langustenfleisch in kleine Stücke schneiden, Grapefruit schälen, Fruchtfleisch fein würfeln, Eier grob hacken. Mayonnaise mit etwas Grapefruit verrühren, die Sahne (nach Belieben steif geschlagen) darunterrühren oder -heben. Langustenfleisch, Grapefruitwürfel und Eier in flache Gläser oder Schalen füllen, mit der Sauce überziehen.

Krabbensalat in der Grapefruit

1 Grapefruit
1 Apfel
1 kleine Dose Mandarinen
125 g Krabbenfleisch
2 EL saure Sahne
2 EL Mayonnaise
Salz, Pfeffer
Zitronensaft
etwas Kresse

Grapefruit halbieren, Fruchtfleisch auslösen und anderweitig verwenden. Apfel schälen, vom Kerngehäuse befreien und fein würfeln, Mandarinen abtropfen lassen. Krabben waschen, abtropfen lassen und mit Apfelwürfeln und Mandarinen in den Grapefruithälften anrichten. Saucenzutaten mischen und abschmecken, die Sauce über den Salat geben und mit Kresse garnieren.

Spargelsalat mit Champignons

½ Dose Spargelköpfe
1 kleine Dose Champignons
50 g Mayonnaise
1 EL Dosenmilch
Salz
Zucker
Zitronensaft
Worcestersauce

Spargelköpfe nach Belieben teilen, Champignons in Scheiben schneiden. Mayonnaise mit Dosenmilch verrühren, mit den angegebenen Zutaten würzen, Spargelköpfe und Champignons dazugeben und gut durchziehen lassen. Zu Toast und Butter reichen.

60-Minuten-Rezept

Bunte Sülzchen

1 Päckchen gemahlene Gelatine
½ l Würfelbrühe
etwas Tomatenmark
dazu beliebige Füllung (siehe unten)

Aus kräftig abgeschmeckter Brühe und Gelatine nach Vorschrift Geliersud bereiten, etwas abkühlen lassen. Kleine Förmchen etwa ½ cm hoch mit Geliersud füllen, erstarren lassen und die gewählte Füllung daraufgeben, mit Sud überfüllen. Für rote Sülze einen Teil des Geliersuds mit Tomatenmark verrühren.

Füllungsvorschläge: Gares Gemüse (Erbsen, Karotten, Blumenkohlröschen, Spargelstücke usw.);
Reste von gekochtem oder gebratenem Schlacht- oder Geflügelfleisch oder Wild, fein gewürfelt;
gewaschene Krabben;
gekochter, gut gewürzter Fisch;
Würfel von hartgekochtem Ei, Gewürzgurke und gekochtem Schinken oder beliebiger Wurst.

Kaltes Büfett

Für den Aufbau eines kleinen oder größeren Kalten Büfetts gibt es nur die eine Vorschrift, daß nach Möglichkeit jedes Küchengebiet (Fleisch, Fisch, Salate, Käse, Obst, möglichst auch Gemüse) mindestens einmal vertreten sein sollte. Alles übrige ist der Fantasie der Hausfrau überlassen, die je nach Geldbeutel, Gästezahl und Geschmack bestimmen wird, was auf den Tisch kommt.
Das Kalte Büfett baut man grundsätzlich zur Selbstbedienung auf. Platten, Schüsseln, Teller, Bestecke und Servietten werden so auf einem Tisch (oder auf mehreren Tischen) arrangiert, daß der Gast einen guten Überblick über die gebotenen Genüsse bekommt und alle Speisen leicht erreichen kann.
Je nach der verfügbaren Zeit – vieles läßt sich am Tag zuvor schon herrichten oder vorbereiten – stützt man sich ganz oder teilweise auf Speisen aus der eigenen Küche oder nimmt auch die Hilfe eines Feinkostgeschäftes oder Partyservice in Anspruch. Der Getränkevorrat sollte aus Sekt, Weiß- und Rotwein, Bier und verschiedenen alkoholfreien Getränken bestehen.

Vorschläge für die Hauptgruppen:

Fleisch: kaltes Geflügel, Rehrücken, Kalbsleberpastete, Gänseleberpastete, kalter Braten, aufgeschnittenes Kasseler, Wurstplatte, Fleischsalat, Geflügelsalat.

Fisch: Hummer mit Mayonnaise, Hummercocktail, Krebssalat, Räucherfisch (Aal, Schillerlocken, Forellenfilets), Fisch aus der Dose (Marinaden, Ölsardinen, Räucherfilets in Öl), echter Räucherlachs, Schwedenplatte, Fischsalate.

Käse: verschiedene Käsesorten (Emmentaler, Gouda, Camembert, Brie o. ä.), Käsesalat, Käsespießchen; pikant abgeschmeckter Doppelrahm-Frischkäse, auf Kräcker gespritzt.

Obst: Erdbeeren mit Sahne, frische Ananas, Obstsalat, frisches Obst (Weintrauben, Pfirsiche, Apfelsinen, Mandarinen), Kompotte aus frischem Obst oder aus der Dose.

Dazu reicht man verschiedene Brotsorten (Weißbrot, Vollkornbrot, Toast, Graubrot), nach Belieben auch Salzstangen, Kräcker und Kartoffelchips.
Beliebt sind kleine pikante Beigaben wie Mixed Pickles, Würzsaucen; zu bestimmten Gerichten passende Saucen (Remoulade zu Roastbeef, Cumberland zu kaltem aufgeschnittenen Rehrücken usw.). Aber auch Canapés, Sandwiches, Dips, Spießchen und Wursttütchen – in ausreichender Menge vorbereitet – werden gern gegessen.

Pikante Butter

125 g Butter schaumig rühren, mit den feingehackten oder passierten Zutaten mischen, abkühlen lassen und zum Bestreichen von Broten (siehe Sandwiches, Canapés, Cräcker) verwenden.

Vorschläge:

Currybutter: 1 Eßlöffel Curry, Salz;
Senfbutter: 1 Eßlöffel Senf, 1 hartgekochtes passiertes Eigelb;
Kräuterbutter: 1 gehäufter Eßlöffel gehackte Kräuter (oder Kräuterbuttergewürz);
Sardellenbutter: 2 Teelöffel Sardellenpaste;
Tomatenbutter: 2 Eßlöffel Tomatenmark, 1 kleine Zwiebel, Reibkäse, etwas Pfeffer;
Meerrettichbutter: 1 Eßlöffel geriebener Meerrettich, Salz;
Käsebutter: 60 g Reibkäse, Salz;
Dillbutter: 2 grobgehackte hartgekochte Eier, 1 bis 2 Eßlöffel feingehackter Dill;
Kaviarbutter: 1 bis 2 Eßlöffel Kaviar, feingehackter Schnittlauch.

Canapés

Brotscheiben dreieckig, viereckig oder rund ausschneiden oder -stechen, mit Butter, Senf oder Mayonnaise bestreichen und nach einem der folgenden Vorschläge belegen:

Pökelzunge, Scheiben von gedünsteten Champignons, Tomatenketchup;
Roastbeef, Mayonnaise, Scheiben von Pfeffergürkchen;
geräuchertes Forellenfilet, Scheiben von gefüllten Oliven;
Räucheraal, Scheiben von hartgekochten Eiern, Mayonnaise;
Hirschkalbsteak, Ananasecke, Preiselbeergelee;
gekochter Schinken, Bauernmettwurst, gehackte Zwiebel;
roher Schinken, Meerrettichraspel, gehackte geröstete Mandeln;
Radieschenscheiben, Sardellenfilets;
Räucherlachs, halbierte gefüllte Oliven, Mayonnaisetupfen;
Gänseleberpastete;
Eischeiben, Kaviar, Mayonnaisetupfen;
Hühnerfleisch, Mandarinenspalten, Walnüsse;

Streichschmelzkäse, Radieschenscheiben;
Krabben, mit Mayonnaise angemacht;
pikant abgeschmecktes Tatar.

Fleisch- und Wursttüten

Scheiben von kaltem Braten, Schinken oder Wurst zu Tüten oder Rollen zusammendrehen und mit Creme oder Salat füllen, nach Belieben mit Spießchen zusammenhalten.

Vorschläge:

roher Schinken, Spargelsalat mit Mayonnaise;
gekochter Schinken, Krabben- oder Krebssalat;
Kalbsbraten, Geflügelsalat;
Salami, Käsesalat;
Räucherlachs, Meerrettichsahne;
Mortadella, Heringssalat;
Zunge, Fleischsalat oder Eiersalat.

Die Zutaten für die Salate sollten so geschnitten sein, daß die Salate nicht so leicht aus den Tüten rutschen können, also möglichst in feine Streifen. Mit cremigen Saucen (z. B. Mayonnaise) angemachte Salate eignen sich besser als solche mit Essig-Öl-Marinade.

Bunte Spießchen

Zutaten in mundgerechte Stücke schneiden, rollen oder falten, nach Belieben auf kleine, gebutterte Brotstückchen (Weißbrot, auch getoastet, Graubrot, Vollkornbrot oder Pumpernickel geben), auf Spießchen stecken und auf einer großen Platte anrichten.

Vorschläge:

Tomatenachtel, Räucheraalstück, Graubrotwürfel;
Mandarinenspalte, Puterfleisch, Weißbrotwürfel;
Spargelkopf, gerollte Scheibe von kaltem Braten, Gurkenwürfel;
Mandarinenspalte, kalte gebratene Kalbsleber, Brotwürfel;
Ananasecke, gekochter Schinken, Käsewürfel;
gedünsteter Champignon, Pökelzungenwürfel, Käsewürfel;
Pfeffergurke, roher Schinken, Cocktailkirsche;
Weinbeere, Leberpastete, Schwarzbrotwürfel;
Eierscheibe, kleiner Rollmops, Gurkenabschnitt;
Eierscheibe, gerollte Räucherlachsscheibe, Perlzwiebel;
Schmelzkäsewürfel, gekochter Schinken, Spargelspitze;
eingelegtes Maiskölbchen, Salamirolle, Pfirsichspalte;
Kirsche, Kochwurstscheiben, Selleriewürfel;
Sardellenröllchen, Eierhälfte, Brotwürfel;
Senfgurke, Würfel von Kasseler, Ananasecke.

Party-Dips

Käse mit Würz- und anderen Zutaten vermischen, etwas ziehen lassen, in Schälchen angerichtet mit Cräckern, Salzkeksen und -brezeln und Kartoffelchips reichen. Jeder Gast bedient sich selbst; er taucht einen Cräcker oder Keks in die Käsemasse und verspeist ihn »freihändig«. Teller werden dazu nicht gereicht, Papierservietten sind empfehlenswert.

Dip-Vorschläge:

Pfeffer-Dip: 2 Karos Doppelrahm-Frischkäse mit 4 Eßlöffeln Milch, 1 Teelöffel Worcestersauce, 1 Prise Salz, 1 Teelöffel Curry, 2 Tropfen Tabascosauce und einer Prise Pfeffer cremig rühren.

Camembert-Dip: 2 Karos Doppelrahm-Frischkäse, 3 Eßlöffel milder Weißwein, je 1 Prise Selleriesalz und Salz, 100 g reifer Camembert. Alles miteinander cremig rühren.

Mixed-Pickles-Dip: 2 Karos Doppelrahm-Frischkäse, ein kleines Glas Mixed Pickles, 1 Messerspitze geriebene Zwiebel. Mixed Pickles fein schneiden oder hacken, Käse mit etwas Essigbrühe cremig rühren, Pickles hineingeben, mit Zwiebel würzen.

Meerrettich-Dip: 2 Karos Doppelrahm-Frischkäse, 4 Eßlöffel Milch, 1 Eßlöffel geriebener Meerrettich, Salz, 1 Teelöffel Worcestersauce. Käse mit Milch cremig rühren, mit den anderen Zutaten würzen.

Unter den Augen der Gäste

Wer gern ißt, kocht auch gern – oder er sieht zumindest gern beim Kochen zu. Von dieser Erkenntnis geht die Schau- oder Spielküche aus, die sich in den letzten Jahren bei uns zahlreiche Freunde erobert hat. Unter den Augen der Gäste zu kochen hat den Reiz des Neuen. Noch besser, man läßt die Gäste nicht nur zuschauen, sondern mitwirken, wie es zum Beispiel bei Fondues und beim sommerlichen Grillfest der Fall ist.

Wenn Sie so etwas noch nicht ausprobiert haben, sollten Sie getrost einen Versuch wagen. Es kann nicht viel schiefgehen dabei. Höchstens das Flambieren müssen Sie vorher ausprobieren. Man kann nur heiße Gerichte, die auf einem Rechaud stehen sollten, flambieren, und zwar ausschließlich mit hochprozentigen Spirituosen – etwa ab 38 Volumenprozent. Je höher der Alkoholgehalt, desto leichter gelingt das Flambieren. Der Fachmann gießt die Flambierspirituose in die Flambierpfanne mit dem erhitzten Inhalt (bitte neben das Flambiergut, nicht als kalte Dusche obendrauf), kippt dann die Pfanne vorsichtig etwas an und bringt ihren Rand in die Nähe der Spiritusflamme. Dabei entzündet sich die heiß gewordene Spirituose.

Sie können es aber auch so machen: Spirituose in eine kleine Schöpfkelle geben, über dem Spiritusbrenner vorsichtig anwärmen und zur Entzündung bringen, über das Flambiergut gießen. – Man sollte nur mit Spirituosen flambieren, die einen ausgeprägten Eigengeschmack haben – er soll sich ja der Speise mitteilen, der Alkohol verbrennt ohnedies zum größten Teil. Klarer Wodka und Korn sind deshalb ungeeignet.

Flambierte Bananen

Bananen
etwas Butter
eine Prise Paprika
Rum

Bananen schälen und halbieren, mit Butter in die Flambierpfanne legen, am Tisch über dem Rechaud (mit Spiritusbrenner) von beiden Seiten anbraten, leicht mit Paprika würzen. Rum in der Schöpfkelle anwärmen, über die Bananen gießen, brennend servieren.

Flambierte Aprikosen

1 Dose Aprikosen mit Saft
Weinbrand

Flambierpfanne auf den Rechaud mit dem angezündeten Spiritusbrenner stellen. Aprikosenhälften mit dem Saft in der Pfanne erhitzen, mit angewärmtem Weinbrand übergießen und anzünden. Auf Glastellern als Nachspeise reichen.

Abwandlung: Pfirsiche aus der Dose mit einem hochprozentigen Likör flambieren.

Schaschlik
(Grillspießchen)

Rindfleischwürfel aus der Lende
Räucherspeck
Paprikaschoten
kleine gebrühte Zwiebeln

Marinade aus:
4 EL Öl
2 EL Zitronensaft
1 zerdrückte Knoblauchzehe
Chilisauce
Salz und Pfeffer

Fleischwürfel in der Marinade ziehen lassen, herausnehmen, nach dem Abtropfen abwechselnd mit Speck, Paprikastückchen und Zwiebeln auf Spieße stecken. Im Drehgrill, auf dem Grillrost (in diesem Fall regelmäßig wenden) oder in der Pfanne in heißem Fett oder Öl gar grillen, hin und wieder mit Marinade bepinseln. Auf Weißbrot oder Reis anrichten. Man kann die fertigen Spießchen auch mit angewärmtem Rum begießen, flambieren und brennend servieren.

Andere Spießchen-Kombinationen:
Hackfleischspießchen: Rinderhackfleisch, gut gewürzt und zu kleinen Bällchen geformt;
Hawaiispießchen: Viertel von Ananasscheiben, in gekochten Schinken eingerollt, abwechselnd mit gefüllten Oliven und kleinen Tomaten aufgespießt;
Türkische Spießchen: Hammelfleisch, Nieren- und Leberscheibchen, Speck- und Zwiebelstücke;
Speckspießchen: Frühstücksspeck, kleine Zwiebeln, gerollte Paprikastreifchen;
Pilzspießchen: Rinderfilet, Champignons, Zwiebelscheiben, kleine Tomate;
Leberspießchen: Schweine- oder Kalbsleber, Apfelscheiben, Zwiebeln.

Crêpes Suzette

125 g Mehl
3 Eier
1 Prise Salz
1 EL Puderzucker
etwas Milch
1 Schuß Rum
etwas Bratfett
60 g Butter
2 Orangen
10 Stückchen Würfelzucker
2 Likörglas Grand Marnier
2 Likörglas Maraschino
gehobelte Mandeln

Aus Mehl, Eiern, Salz, Zucker, Milch und Rum einen flüssigen Eierkuchenteig anrühren, 30 Minuten ruhen lassen, dann in einer kleinen Pfanne in heißem Fett hauchdünne helle Eierkuchen backen. Die Eierkuchen zusammenfalten und warm stellen. Butter in der Flambierpfanne über dem Rechaud zerlassen. Orangenschalen an Würfelzucker abreiben, die Orangen entsaften. Zucker und Orangensaft mit der zerlassenen Butter verrühren, mit Grand Marnier würzen, die Eierkuchen in die Flambierpfanne legen und darin ziehen lassen. Mit Maraschino flambieren und mit Mandeln bestreuen.

Würstchen vom Holzkohlengrill

Schweinswürstchen, Knackwürste, Bratwürste oder andere grillfähige Würstchen
Senf oder pikante Grillsauce

Gartengrill anheizen, Würstchen mit heißem Wasser überbrühen, auf dem Rost knusprig grillen. Feuer mit Wasser bespritzen, wenn es zu heiß wird oder die Flamme durch das herabtropfende Fett hochschlägt.
Ebenso: Spießchen, Steaks oder Geflügel vom Holzkohlengrill.

Süßwasserfische und Seefischfilet lassen sich ebenfalls grillen, verbrennen aber leicht. Es ist besser, sie gewürzt und gesäuert in Aluminiumfolie eingeschlagen auf den Grillrost zu legen und so zu garen.

Freiburger Fondue

1 Knoblauchzehe
etwas Butter
600 g Vacherin à Fondue (möglichst von verschiedenen Laiben mit unterschiedlichem Reifegrad geschnitten)
4–5 EL heißes Wasser
Salz, Pfeffer
nach Belieben etwas Ingwerpulver

Fonduegefäß mit der halbierten Knoblauchzehe ausreiben und dünn mit Butter ausstreichen. Gehobelten oder fein geschnittenen Vacherin zusammen mit dem heißen Wasser hineingeben und auf dem Herd bei schwacher Hitze unter ständigem Umrühren schmelzen lassen, auf keinen Fall zum Kochen bringen. Mit Salz und Pfeffer abschmecken, nach Belieben auch mit Ingwer würzen. Auf dem Rechaud bei ganz schwacher Flamme zu Tisch geben und verschiedene Brotwürfel dazu reichen.

Neuenburger Fondue

1 Knoblauchzehe
je 300 g Emmentaler und Greyerzer Käse
½ Glas Neuenburger (oder ein anderer trockener) Weißwein
1 Gläschen Kirschwasser
15 g Speisestärke
Salz, Pfeffer
Muskatnuß
Weißbrotwürfel

Fondue-Stieltopf (Caquelon) mit Knoblauch ausreiben, Käse hobeln (nicht reiben) und mit Weißwein bei mittlerer Hitze auf dem Herd unter ständigem Rühren zu einer glatten Creme verkochen. Wenn die Masse aufsteigt, mit Kirschwasser angerührte Speisestärke dazugeben, nach Belieben mit Salz, Pfeffer und Muskatnuß würzen. Auf dem Rechaud zu Tisch geben. Jeder Gast spießt sich Weißbrotwürfel auf die Fondugabel, taucht sie in die Käsemasse und verzehrt sie heiß zu einem Glas Wein.

Waadtländer Fondue

1–2 Knoblauchzehen
etwas Butter
600 g Greyerzer
½ l trockener Weißwein
2 Gläschen Kirschwasser
3 TL Speisestärke
Salz
Pfeffer aus der Mühle

Knoblauch fein zerdrücken, im Fonduegefäß auf dem Ofen in Butter anrösten, dann den gehobelten Käse und den Wein dazugeben, unter ständigem Rühren aufkochen. Speisestärke mit Kirschwasser vermengen, zur Käsesauce geben, unter Umrühren aufkochen und eine Minute köcheln lassen. Mit Brotwürfeln servieren.

Raclette

Tilsiter oder Gomser Käse im Stück	*Gewürzgurken*
Pellkartoffeln	*Mixed Pickles*

Käsestück unter dem Elektrogrill oder am Holzkohlengrill an der Oberfläche schmelzen lassen, den heißen geschmolzenen Käse auf Teller abstreichen und zu Pellkartoffeln, Gurken und Mixed Pickles reichen. Raclette ist ein Nationalgericht des Schweizer Kantons Wallis, wo es extra holzkohlenbetriebene Racletteöfen gibt.

Fondue Bourguignonne

(Fleischfondue)

Pro Person	*Gewürzgurken*
125 bis 175 g Rinderfilet in Würfeln	*gefüllte Oliven*
Backfett oder -öl	*Preiselbeergelee*
pikante Grillsaucen (Seite 225)	*Mango Chutney*
Mixed Pickles	*Kräuterbutter*

Rohes Fleisch in Portionsschüsselchen anrichten. Fett oder Öl in der Fonduepfanne erhitzen und über dem Rechaud heiß halten. Jeder Gast spießt sich mit den für ihn bereitgelegten Fonduegabeln oder mit langen Holzspießchen ein Stück Fleisch auf und taucht es in das siedende Fett, bis es mehr oder weniger stark durchgebraten ist. Während das erste Stück mit pikanter Sauce und würzigen Beigaben verzehrt wird, gart an der Fonduegabel schon wieder das nächste Fleischwürfelchen.

Sukiyaki
(Japanisches Fondue)

3 l pikant gewürzte Rindfleischbrühe
Lauchstreifen, Blumenkohlröschen, Chicoréestreifen, dünne Kohlrabischeiben, Zwiebel- und Paprikaringe, hauchdünne Scheibchen von rohem Rind- oder Kalbfleisch und Fischfilet
pikante Beigaben wie Mixed Pickles, Sambals, Mango- und Tomaten-Chutney, Silberzwiebeln, Tomatenketchup, Sojasauce, Tabascosauce, Worcestersauce, Curry, Paprika

Brühe im Topf oder Kessel auf dem Herd kochend heiß werden lassen und über dem Rechaud warm halten. Gemüse, Fleisch und Fisch auf Tellern und Platten anrichten. Der Hausherr oder die Hausfrau geben die Zutaten in kleineren Portionen in die kochende Brühe und bedienen die Gäste mit gegartem Essen. Jeder Gast nimmt sich selbst, was ihm an würzigen Beigaben zusagt. Gegessen wird mit Eßstäbchen. Nach Belieben Weißbrot oder körnigen Reis reichen.

Hummerkrabben-Fondue

20 Hummerkrabben (Riesengarnelen), tiefgefroren
3 EL Mehl
2 TL gehackter Dill
etwas Pfeffer aus der Mühle
2–3 Eigelb
3–4 EL Semmelmehl
Öl oder Fett für das Fonduegefäß
Fonduesaucen

Hummerkrabben auftauen, halbieren. Kurz vor dem Fritieren Mehl mit Dill und Pfeffer mischen, die Hummerkrabben-

stücke darin wenden, in geschlagenes Eigelb tauchen und in Semmelmehl panieren; auf einer Platte anrichten.
Im Fonduegefäß Öl oder Fett erhitzen, auf dem Rechaud zu Tisch geben. Jeder Gast spießt sich eine halbe Hummerkrabbe auf die Fonduegabel und läßt sie im heißen Fett oder Öl garen. Dazu gibt es Fonduesaucen, Stücke von Stangenweißbrot und würzige Zutaten.

Pikante Grillsaucen

(Fonduesaucen)

Zu gegrilltem Fleisch und zu Fleisch- und Fisch-Fondues gehören würzige Grill- oder Fonduesaucen. Beispiele:

Dillmayonnaise: 125 g Mayonnaise mit 2 Teelöffeln feingehacktem Dill, 1 Teelöffel Zucker, 2 Teelöffeln saurer Sahne und etwas Salz verrühren.
Sahnemeerrettich: ⅛ l ungesüßte Sahne steif schlagen, mit 1 Eßlöffel geriebenem Meerrettich mischen, abschmecken mit Salz, Zucker und Zitronensaft.
Preiselbeersauce: 100 g Preiselbeergelee mit 1 Eßlöffel Rotwein, 2 Teelöffeln scharfem Senf, 1 Teelöffel geriebener Zwiebel, Zitronensaft und Salz verrühren.
Ingwersauce: 50 g Honig mit 3 Eßlöffeln Sojasauce, ½ Teelöffel Ingwerpulver, 1 geriebenen Knoblauchzehe und 3 Eßlöffeln Mayonnaise verrühren.

Schokoladen-Fondue

200 g Blockschokolade
$\frac{1}{8}$ l Milch
75 g gehackte Mandeln
3 EL Honig
3 EL Kakao
1 Prise Salz
2 EL Zucker

Zum Eintauchen:
1 kleines Glas Cocktailkirschen
1 kleine Dose Mandarinen und Ananaswürfel
Kekse
Plätzchen oder Eiswaffeln

Schokolade reiben, im Wasserbad auflösen. Milch unter Rühren mit dem Schneebesen hineingeben, glattrühren. Übrige Zutaten einarbeiten, die Schokoladencreme in den Fonduetopf füllen, auf dem schwach eingestellten Rechaud servieren. Früchte gut abtropfen lassen und auf Portionsschälchen verteilen.
Jeder spießt sich Fruchtstückchen bzw. Früchte auf die Fonduegabel, tunkt sie in die Schokoladencreme und legt sie auf seinen Teller. Verzehrt werden sie mit Messer und Gabel. Dazu kann man Kekse, Plätzchen oder Waffeln anbieten.

50-Minuten-Rezepte

Lothringer Käsekuchen

(Quiche Lorraine)

200 g Mehl
3 EL kaltes Wasser
½ gestrichener TL Salz
150 g Butter oder Margarine
Semmelmehl

Für den Belag:
150 g Schinkenspeck
250 g Schnittkäse
⅛ l saure Sahne
4 Eier
3 EL gehackte Petersilie
1 gestrichener TL Edelsüßpaprika

Mehl in eine Backschüssel geben, in der Mitte eine Vertiefung eindrücken, das Wasser hineingießen und mit etwas Mehl zu Brei verrühren, dabei salzen. Das in Flöckchen zerteilte Fett darauf verteilen und alles zu einem glatten Teig verkneten, 30 bis 40 Minuten ruhen lassen. Den Teig ausrollen, eine gefettete Springform (24 cm Durchmesser) damit belegen und einen 2 bis 3 cm hohen Rand formen. Teigplatte mit Semmelmehl bestreuen. Für den Belag Speck und Käse kleinwürfeln. Sahne mit Eiern verquirlen, Speck- und Käsewürfel, Petersilie und Paprika unterheben und verrühren. Die Masse auf den Teigboden füllen, glätten, die Quiche 35 bis 40 Minuten bei 210 bis 220° C backen.

Neapolitanische Tomatenpizza

350 g Mehl
20 g Hefe
1 TL Zucker
3–4 EL Milch
2 Eier
1 Prise Salz
40 g Butter oder Margarine

Für den Belag:
Olivenöl
125 g Chester-Schmelzkäsescheiben
300 g Tomaten
Salz, Pfeffer
Majoran oder Oregano
50 g Sardellenfilets

Teigzutaten zu Hefeteig verarbeiten, gehen lassen und ein gefettetes Kuchenblech oder eine große Springform (30 bis 35 cm Durchmesser) damit belegen und den Teig nochmals gehen lassen. Die Teigplatte mit Öl bestreichen, mit Käsescheiben bedecken, darauf Tomatenscheiben legen, salzen, pfeffern, Majoran oder Oregano aufstreuen. Über die Tomaten ein Gitter aus Sardellenfilets legen, die Pizza 25 bis 35 Minuten bei 190 bis 200° C backen und heiß zu Tisch geben.

Provenzalische Pizza

1 kg Zwiebeln
⅛ l Olivenöl
400 g Weißbrotteig (vom Bäcker) oder die entsprechende Menge selbstbereiteter Hefeteig ohne Zucker
12 Sardellenfilets
5 Tomaten
2 Knoblauchzehen
12 schwarze Oliven

Zwiebeln fein schneiden, bei schwacher Hitze in Olivenöl dünsten; sie dürfen dabei nicht braun werden. Die garen Zwiebeln gut abtropfen lassen. Weißbrotteig mit dem abgetropften Öl verkneten, eine runde Tortenform oder ein rechteckiges Blech fetten und den ausgerollten Teig daraufgeben. Zwiebeln auf dem Teig verteilen, die Oberfläche mit den übrigen Zutaten garnieren. Etwas Olivenöl auftropfen und die Pizza 30 Minuten bei 220° C backen.

Getränke – heiß und kalt

Kaffee und Tee können Sie natürlich perfekt kochen, Kakao macht sowieso keine Schwierigkeit, seit er hauptsächlich in kalt und warm löslicher Form angeboten wird – aber wie ist es mit einer Portion Hoppelpoppel, mit einem Seelentröster oder Pharisäer? Und sicherlich werden Sie an einem heißen Sommertag auch einmal Appetit auf einen herrlichen Eiskaffee oder ein leckeres Milchmischgetränk verspüren! Die wichtigsten heißen und kalten Standardgetränke sind auf den folgenden Seiten verzeichnet.

Pharisäer

Für 1 Person:
2–3 Stückchen Würfelzucker
1 Tasse starker heißer Kaffee
1 Glas starker Rum
1 EL Schlagsahne

Würfelzucker in eine Kaffeetasse oder ein Glas geben, den heißen Kaffee aufgießen, umrühren und den Rum hinzufügen. Mit einer Schlagsahnehaube abdecken.

Rüdesheimer Kaffee

Für 1 Person:
1 Minifläschchen Asbach Uralt
3 Stückchen Würfelzucker
¾ Tasse heißer starker Kaffee
etwas Schlagsahne
Schokoladenraspel

Weinbrand in der Flasche im Wasserbad erhitzen. Tasse in der Backröhre anwärmen. Würfelzucker hineingeben, den heißen Weinbrand aufgießen und anzünden, mit Kaffee löschen und die Tasse zu ¾ füllen. Schlagsahnehaube aufsetzen und mit Schokoladenraspel bestreuen.

Café Noisette

2 Tassen heißer Kaffee
4 cl Nußlikör
⅛ l Sahne
2 TL Zucker
2 EL Haselnußkrokant

Kaffee mit Nußlikör verrühren, auf 2 Tassen verteilen, Hauben aus steif geschlagener Sahne aufsetzen. Zucker und Krokant in der heißen Pfanne karamelisieren, die Schlagsahnehauben damit bestreuen.

Irish Coffee

35 g Kaffee
¼ l kochendes Wasser
2 doppelte Irish Whiskey
4 Stückchen Würfelzucker
2 EL Sahne

Kaffee aufbrühen, 2 Irish-Coffee-Gläser zu ¾ damit füllen, in jedes Glas einen doppelten Irish Whiskey gießen, mit Würfelzucker süßen und eine Portion Sahne so über die Wölbung des Kaffeelöffels hineinlaufen lassen, daß sie eine

Schicht bildet, durch die der Kaffee mit dem Strohhalm getrunken wird.

Café Acapulco

Für 1 Person:
1 gehäufter TL Pulverkaffee
40 g Puderzucker
¼ l Wasser
etwas Rum
etwas Zitronensaft
Eiswürfel

Pulverkaffee und Puderzucker in kaltem Wasser lösen, mit Rum und Zitronensaft abschmecken. Über Eiswürfel in ein hohes Glas gießen und eiskalt mit einem Strohhalm servieren.

Eiskaffee

Für 1 Person 2 Eßlöffel Vanilleeis in einem Glas mit eiskaltem starkem Kaffee übergießen, mit Schlagsahne und Eiswaffeln garniert reichen.

Teeflip

Für 1 Person ¼ l Milch mit 1 Eßlöffel Zucker aufkochen, über 1 Teelöffel Teeblätter gießen, 5 Minuten ziehen lassen, abseihen und mit einem gut verquirlten Eigelb verrühren. Im Punschglas servieren.

Geplauder

Für 1 Person ⅔ heißen Tee im angewärmten Glas mit ⅓ Rotwein mischen, nach Belieben zuckern.

Eistee

Für 1 Person 2 Teelöffel Teeblätter überbrühen, abkühlen lassen, über Eiswürfel in ein Glas gießen, mit Zucker, Zitronensaft und etwas Ingwer (nach Belieben) abschmecken.

Glühwein

60 g Zucker
$\frac{1}{4}$ Stange Zimt
3 Nelken
Schale einer halben Zitrone
etwas Wasser oder Tee
1 Flasche Rotwein

Zucker und Gewürze mit Wasser oder Tee aufkochen, 30 Minuten ziehen lassen, abseihen, mit dem bis kurz vor den Siedepunkt erhitzten Wein vermischen und nach Belieben mit Zitronensaft abschmecken.

Negus

$\frac{1}{2}$ Flasche Portwein
$\frac{3}{8}$ l Wasser
abgeriebene Zitronenschale
geriebene Muskatnuß

Wein und Wasser mischen, bis kurz vor dem Siedepunkt erhitzen, mit Zitronenschale und Muskat würzen.

Rumpunsch

1 ungespritzte Zitrone
4 Stückchen Würfelzucker
1 l Wasser oder starker Tee
$\frac{3}{8}$ l Jamaika-Rum

Zitronenschale an Würfelzucker abreiben, mit dem übrigen Zucker, dem Wasser oder Tee und dem Saft der Zitrone kurz aufkochen, den Rum hineingeben und das Getränk bis zur Trinkfähigkeit erhitzen.

Weißwein-Teepunsch

125 g Zucker	*1/8 l Arrak*
3/8 l starker heißer Tee	*abgeriebene Schale einer*
3/4 l Weißwein	*Zitrone*

Zucker in heißem Tee auflösen, die übrigen Zutaten zufügen und bis zum Siedepunkt erhitzen.

Feuerzangenbowle

2–3 Flaschen trockener	*4 Nelken*
Rotwein	*ein Stückchen Zimt*
Saft von 2–3 Apfelsinen	*etwas Apfelsinenschale*
1 kleiner Zuckerhut	*1/2 l Rum*

Rotwein mit Apfelsinensaft in einem Kupferkessel über dem Rechaud heiß werden, aber nicht kochen lassen, dabei die in ein Mullsäckchen gebundenen Gewürze hineinhängen. Feuerzange auflegen, den Zuckerhut daraufgeben, mit Rum tränken und anzünden. Rum nachschöpfen, bis der ganze Zucker brennend in den Wein getropft ist. Gewürze herausnehmen und die heiße Bowle in Gläsern servieren.

Hoppelpoppel

½ l Sahne
½ l starker heißer Tee
50 g Zucker
4 Eigelb
⅜ l Arrak

Sahne und Tee vermischen und erhitzen, Zucker darin auflösen, Eigelb mit Arrak verrühren und unter ständigem Schlagen in die Sahnemischung einrühren. Topf dabei ins heiße Wasserbad stellen oder nur schwache Kochhitze einstellen.

Autofahrercocktail

Für 1 Person 1 Glas Apfelsaft mit Eiswürfeln, 1 Eßlöffel Zitronensirup und 3 Spritzer Angostura verrühren, mit Zitronenscheibe servieren.

Vitaminjäger

Für 1 Person ½ Glas schwarzen Johannisbeersaft mit 2 Eßlöffel Zitronensaft und Zucker nach Geschmack kräftig verquirlen, in ein Glas geben und mit Sodawasser oder Sprudel auffüllen.

Amore

Für 1 Person 1 Gläschen Weinbrand, 1 Gläschen Schokoladenlikör und 1 Eßlöffel gestoßenes Eis kräftig schütteln, in ein Glas geben und mit einem dicken Schlagsahnetupfen servieren.

Seelentröster

Für 1 Person 2 Teelöffel Honig in einer $\frac{3}{4}$ Tasse heißer Milch auflösen, je 1 Likörglas Rum und Weinbrand dazugeben, heiß werden lassen.

Tomaten-Cocktail

$\frac{1}{4}$ l Tomatensaft
Pfeffersauce
Salz
Zwiebel- oder Knoblauchsalz
2 Eigelb
$\frac{1}{2}$ EL feingehackte Kräuter

Tomatensaft mit Pfeffersauce, Salz und Zwiebel- oder Knoblauchsalz würzen und auf 2 Bechergläser verteilen. In jedes Glas ein Eigelb gleiten lassen, gehackte Kräuter aufstreuen.

Eskimo

$\frac{1}{8}$ l Milch und $\frac{1}{8}$ l Sahne mit 1 Eigelb, Vanillezucker und abgeriebener Zitronenschale schaumig schlagen, mit 1 Schuß Weinbrand verfeinern und mit Eiswürfeln servieren.

Sekt-Orange

In eine Sektschale zur Hälfte Sekt und zur Hälfte frisch ausgepreßten Orangensaft geben. Nach Belieben mit einem Spritzer Angostura würzen.

Apfelsinenjoghurt

Für 1 Person 1 gekühlten Becher Joghurt mit dem Saft einer Apfelsine und 2 Teelöffel Zitronensaft verquirlen, nach Geschmack süßen und sofort servieren.

Schokomilch

Für 1 Person 1 rohes Ei mit 25 g Zucker, 1 Teelöffel kaltlöslichem Kakao und 2 Likörgläsern Weinbrand schaumig schlagen und mit ¼ l kalter Milch auffüllen.

Fruchtmilch

Knapp ¼ l Milch mit 2 bis 3 Eßlöffeln Sahne und ⅛ l Fruchtpüree (im Mixer zubereiten oder Früchte passieren), abgeriebener Zitronenschale und Zucker nach Geschmack schaumig schlagen, über Eiswürfel gießen und mit Strohhalm servieren.

Abwandlung: An Stelle von frischem Fruchtpüree Fruchtsirup oder auch Fruchtmark verwenden.

Sektbowle

Sehr dünn geschälte Apfelsinen- und Zitronenschale sowie Ananas- und Pfirsichstücke mit 1 bis 2 Glas Weinbrand übergießen, zugedeckt ½ Stunde ziehen lassen, 2 Flaschen gekühlten Sekt oder Champagner auffüllen.

Apfelsinenbowle

4–6 Apfelsinen
8 Stückchen Würfelzucker
30 g Zucker
2 Flaschen Weißwein
1 Flasche Sekt

Schale der Apfelsinen auf Würfelzucker abreiben, die Apfelsinen schälen, entkernen und in kleine Stücke schneiden, mit 30 g Zucker ½ Stunde ziehen lassen. Die Zuckerstückchen in wenig Wasser auflösen, über die Apfelsinenstückchen gießen. Wein und Sekt auffüllen und die Bowle kalt servieren.

Erdbeerbowle

500 g Erdbeeren
1–2 Flaschen Weißwein
1 Flasche Sekt
½ Flasche süßer, naturreiner Traubensaft

Erdbeeren mit ½ Flasche Weißwein ansetzen, große Früchte einmal durchschneiden, 1 Stunde ziehen lassen. Den restlichen Wein und den Sekt auffüllen und die Bowle mit Traubensaft süßen.

Ananasbowle

250 g frische Ananas
2 Flaschen Weißwein
50–75 g Zucker
1 Flasche Sekt

Ananas schälen, würfeln und mit 2 Glas Weißwein ungezuckert ansetzen. Zucker mit wenig Wasser aufkochen, bis er sich löst, und abkühlen lassen. Vor dem Anrichten Wein und gekühlten Sekt über die Ananaswürfel gießen, mit Zuckerlösung abschmecken. (Bei der Verwendung von Dosenananas so viel Saft zugeben, daß die Bowle süß genug ist.)

Sangria

1 kg Pfirsiche schälen, entkernen und in Stücke schneiden, mit ½ l Rotwein ansetzen. 50 g Zucker dazugeben. In einem zweiten Gefäß ½ l Rotwein mit 1 Zimtstange, 30 g Muskatblüte und der spiralig abgeschnittenen Schale einer Zitrone ziehen lassen. Nach 4 Stunden Wein von den Gewürzen abgießen und zum Fruchtwein geben. Gut gekühlt – im Notfall mit Eiswürfeln – servieren.

Kalte Ente

1 Flasche Weißwein
1 Zitrone
25 g Zucker
½ Flasche Sekt

Gekühlten Wein in eine Glaskanne gießen, spiralförmig abgeschnittene Zitronenschale hineinhängen und 30 Minuten ziehen lassen. Kurz vor dem Anrichten in wenig Wasser aufgelösten Zucker und Sekt hinzufügen und mit Zitronensaft abschmecken.

Aus der Hausbar
(Rezepte jeweils für 1 Person)

Martini dry

Im Mixbecher mit Eis schütteln: 2 Spritzer Orange Bitter, 30 cm³ Gin, 20 cm³ Vermouth dry. In ein Cocktailglas seihen, mit Olive und Zitronenschale reichen.

Manhattan

Im Mixglas mit Eis verrühren: 2 Spritzer Angostura, 30 cm^3 Whisky, 20 cm^3 Vermouth rot. Cocktailglas mit Zitronenschale abspritzen, den Cocktail hineingießen und mit Kirsche garnieren.

Ohio-Cocktail

Im Mixglas mit Eis verrühren: 1 Spritzer Angostura, 1 Barlöffel Curaçao triple sec, 20 cm^3 roten Vermouth und 40 cm^3 Canadian Club Whisky. In eine Sektschale gießen und mit Sekt auffüllen.

White Lady

Im Shaker mit Eis schütteln: 30 cm^3 Gin, 15 cm^3 Cointreau, 15 cm^3 Zitronensaft. In ein Cocktailglas seihen.

Daiquiri-Cocktail

Im Shaker mit etwas Eis schütteln: 10 cm^3 Zuckersirup, 10 cm^3 Zitronensaft und 30 cm^3 Bacardi-Rum. In ein Cocktailglas seihen.

Gin Fizz

Im Shaker mit Eis schütteln: Saft einer Zitrone, 2 Barlöffel Zuckersirup, 1 Likörglas Gin. In ein Limonadenglas seihen, bis zur halben Höhe mit Sodawasser auffüllen. Mit Strohhalm reichen.

Weißer Traum

Im Mixgerät oder Schüttelbecher kräftig durcharbeiten: 1 gehäuften Eßlöffel Vanilleeis, 1 Likörglas Gin, 1 Likörglas weißen Curaçao und 2 bis 3 Likörgläser Dosenmilch.

Bloody Mary

Im Becherglas verrühren: 20 cm^3 Wodka, 40 cm^3 Tomatensaft, 3 Spritzer Zitronensaft. 1 Zitronenscheibe als Garnitur auflegen.

Prairie Oyster

Nacheinander in ein Cocktailglas geben: 2 Barlöffel Worcestersauce, 1 Eigelb, 2 Barlöffel Ketchup, Salz, Pfeffer, Paprika, je 2 Spritzer Zitronensaft und Olivenöl. Nicht umrühren! Mit einem Schluck trinken!

Tabellen für die Schnellküche

Tabellen sind nicht nur im Berufsleben wichtig. Gerade in der »zeit«-losen Küche müssen sie eine Rolle spielen, denn wer weiß schon auf Anhieb, wieviel Gramm Zucker ein Eßlöffel aufnimmt oder wie lange der Mikrowellenherd braucht, um einen ausgewachsenen Schweinebraten zu garen? Außerdem finden Sie auf den folgenden Seiten Nährstoffbedarf- und Nährwerttabellen mit Kalorien- und Jouleangaben – zum Nachschlagen, wenn es um vernünftige Ernährungsplanung geht.

Nährwerttabelle

(nach der »Kleinen Nährwerttabelle« der Deutschen Gesellschaft für Ernährung, Umschau Verlag)

Der genießbare Teil von 100 g eingekaufter Ware enthält:

	Eiweiß g	Fett g	Kohlenhydrate g	Joule kJ	Kalorien kcal
Schweinefleisch, mittelfett	18	21	–	1126	269
Rindfleisch, mager	15	11	–	724	173
Kalbfleisch, mittelfett	16	3	–	389	93
Kalbsleber	18	4	4	573	137
Schinken, gekocht	19	20	–	1147	274
Fleischwurst	11	30	–	1356	324
Leberwurst	12	40	1	1842	440
Gekörnte Brühe	25	8	–	737	176
Gans	10	20	–	963	230
Hering, Filet	17	19	–	1067	255
Kabeljau, Filet	17	–	–	327	78
Bückling, geräuchert	14	9	–	611	146
Krabben (Dose)	18	1	1	352	84

	Eiweiß	Fett	Kohlen-hydrate	Joule	Kalorien
	g	g	g	kJ	kcal
Hühnerei, 57 g schwer	7	6	–	352	84
Kuhmilch, 3,5 % Fett	3,5	3,5	5	276	66
Buttermilch	4	1	4	151	36
Sahne	3	10	4	532	127
Hartkäse, vollfett	25	27	3	1557	372
Doppelrahmfrischkäse	15	31	2	1486	355
Speisequark, mager	17	1	2	368	88
Butter	1	83	–	3244	775
Mayonnaise	2	80	3	3198	764
Reis, poliert	7	1	79	1540	368
Weizengrieß	10	1	75	1549	370
Nudeln, Spaghetti	13	3	72	1633	390
Mischbrot	7	1	52	1055	252
Knäckebrot	10	1	77	1591	380
Semmeln (Brötchen)	7	1	58	1164	278
Kartoffeln, ohne Schalen	2	–	19	356	85
Marmelade, im Durchschnitt	–	–	66	1093	261
Gemüse, im Durchschnitt	1,3	–	4	104	25
Obst, frisch, im Durchschnitt	0,6	–	12	230	55

Täglicher Energie- und Nährstoffbedarf
(nach der »Nährwertbroschüre« der Union Deutsche Lebensmittelwerke GmbH)

	Alter Jahre	Körpergewicht kg	Energiebedarf kcal	Energiebedarf kJ	Eiweiß g	Fett g	Kohlenhydrate g
Säuglinge	0– 1	3–10	400– 900	1675– 3768	11– 30	18– 50	36– 85
Kleinkinder	1– 3	10–14	800–1100	3349– 4606	30– 40	30– 41	97–134
Kleinkinder	4– 6	16–20	1200–1500	5024– 6280	45– 55	45– 56	146–182
Schulkinder	7– 9	22–28	1500–1800	6280– 7536	55– 65	56– 68	182–219
Jungen	10–14	30–45	1800–2300	7536– 9630	65– 85	68– 87	219–280
Mädchen	10–14	30–45	1700–2200	7118– 9211	60– 80	64– 83	207–268
Jungen	15–18	50–62	2500–3100	10467–12979	90–110	94–117	305–378
Mädchen	15–18	50–55	2500–2700	10467–11304	90–100	94–102	305–329
Erwachsene	mitt-	50	1600	6699	58	60	195
mit leichter	leres	60	1900	7955	69	71	231
Tätigkeit	Alter	70	2250	9420	82	84	274
		80	2600	10886	95	97	317
Ältere Menschen		50	1450	6071	52	54	177
mit leichter	ab 65	60	1700	7118	62	64	207
Tätigkeit		70	2000	8374	73	75	244
		80	2350	9839	86	88	287

Küchenmaße und -gewichte

1 gestrichener Teelöffel (Inhalt ca. 5 cm³):

Zimt	2 g	Backpulver	3 g
Paprika	2 g	Zucker	4 g
Speisestärke	3 g	Salz	5 g

1 gestrichener Eßlöffel (Inhalt ca. 15 cm³):

Haferflocken	8 g	Graupen, Grütze	12 g
Mehl,		Zucker, Grieß	12 g
Semmelmehl	10 g	Salz, Reis	15 g

1 Tasse (Inhalt ca. 120 cm³):

Haferflocken	64 g	Graupen	96 g
Mehl	80 g	Zucker	96 g
Grieß	96 g	Reis	120 g

Flüssigkeitsmaße (Wasser, Milch, Suppe, Öl):

¼ l = 1 Suppenteller, -tasse
⅛ l = 8 Eßlöffel = 1 Normaltasse
1/10 l = knapp 6 Eßlöffel
1/16 l = 4 Eßlöffel
1 Eßlöffel = 3 Teelöffel = 15 cm³
1 Teelöffel = 5 cm³

Mengenbedarf pro Person

Suppe als Vorgericht	¼ l
Suppe als Hauptgericht	½ l
Fisch als Vorgericht	100–150 g
Fischfilet als Hauptgericht	200 g
Fleisch zum Braten	100–125 g
Fleisch zu Ragout, Rouladen	150–200 g
Hackfleisch	80–100 g
Sauce als Beilage	1/10–⅛ l
Sauce für Saucengericht	⅜–¼ l
Kartoffeln als Beilage	250 g
Gemüse zur Suppe	125 g
Frischgemüse als Beilage	200–250 g

Teigwaren als Hauptgericht	100–125 g
Teigwaren zur Suppe	25 g
Reis als Beilage	60–80 g
Reis als Hauptgericht	80–100 g
Obst zu Kompott	200–250 g
Dörrobst	60–80 g

Zeitbedarf in der Küche

(Garzeiten in Minuten, ohne Vorbereitungszeiten)

Backen	
hohes Gebäck	60– 80
halbhohes Gebäck	40– 50
geformtes Gebäck	40– 50
flache Kuchen	25– 35
Windbeutel	20– 30
Honigkuchen	20– 25
Blätterteig	15– 20
Kleingebäck	12– 15

Braten	
Gans, Ente	90–150
Schweinebraten	60–120
Wild, Kalbsbraten	40– 70
Aufläufe	30– 90
Roastbeef, Filet	30– 60
Hähnchen	20– 40
Fisch in Stücken	10– 25
gekochte Kartoffeln	10– 15

Kochen	
Ochsenzunge	150–240
Ochsenfleisch	80–120
Huhn	60–100
Trockenerbsen	50– 80
Rote Rüben	40– 60
Schellfisch	15– 25
Kartoffel, Reis	18– 30
Karotten	15– 25

Grillen

Hähnchen	25– 40
Filetbraten	20– 30
Taube	15– 20
Schweinefilet	10– 15
Kalbsherz	12– 15
Deutsches Beefsteak	10– 12
Schaschlik	8– 10
Fischfilet	8– 10

Mikrowellenherd

Gulasch	50– 60
Auflauf	30– 40
Schweinebraten	25– 30
Forellen	18– 20
Karottengemüse	15– 20
Kartoffel	4– 5
Bratapfel	2– 3
Glühwein, 1 Glas	1½– 2

Dämpfen (Schnellkochtopf)

Ochsenzunge	50– 60
Eisbein	30– 40
Kalbshaxe	20– 30
Rindsrouladen	15– 25
Pichelsteiner	12– 15
Pellkartoffeln	10– 15
Sauerkraut	8– 10
Kohlrabi	4– 6

Rezeptwegweiser mit Zeitangabe

30-Minuten-Rezepte

40-Minuten-Rezepte

50- und 60-Minuten-Rezepte

Rezept- und Sachregister